초등 완성
생각정리
독서법

바른 교육 시리즈 ⑮

초등 완성
생각정리
독서법

오현선 지음

서 사 원

읽기 능력보다
중요한 것이 있다

어린이와 함께 책을 읽어 온 지 어느새 20년이 넘었습니다. 제 삶의 큰 버팀목이자 안내자였던 책의 힘을 알려주고 싶어 간절한 마음으로 시작한 독서 지도. 지금 생각하면 초보 시절의 저는 서툰 것 투성이었습니다.

교육비를 직접 받는 학교 밖 선생님이기에 학생들을 빠르게 성장시켜야 한다는 조급함이 마음 한구석에 있었나 봅니다. 수업 요청이 오면 어린이를 만나자마자 이런저런 자료를 들이밀며 일명 '테스트'라는 이름으로 읽기 능력을 점수화하고 점수에 따라 책을 골라 함께 읽히며 결과를 끌어내기 위해 애썼습니다. 책을 사이에 두고 나누는 대화는 늘 향기롭듯 수업은 즐겁고 아름다웠으나 어린이의 가시적 성장에 대한 압박은 꽤 오랜 시간 제 한쪽 어깨를 짓누르며 따라다녔습니다.

학부모님들과 소통하기 위해 6년 전 개설한 블로그에도 '요즘 어린이들은 읽기 능력이 부족하니 얼른 끌어올리기 위해 독서를 해야 한다'는 주장의 글을 많이 썼습니다. 부끄럽게도 지금에서야 그 말의 반은 맞고 반은 틀리다는 것을 알고 있습니다.

우리나라 어린이들의 독서량은 제법 많은 편입니다. 적어도 제가 만난 어린이들은 자기 취향대로 독서를 즐깁니다. 이런 아이들에게 읽기 능력만을 강조하며 책을 읽힌다면 성장 주체인 어린이의 삶이 온전히 보이지 않습니다. 빨리 읽고 이해해야 하는 대상으로 보게 되어 어린이가 원하지 않는 책을 들이밀게 됩니다.

『가르친다는 것』(윌리엄 에어스 글 | 양철북)의 표현을 빌리자면 우리가 정말 관심을 가져야 할 것은 '이 어린이는 무엇을 원할까? 어떤 잠재력이 있고 어떤 상처가 있고 무엇을 희망할까?'에 대한 것입니다. 어린이 한 사람의 삶을 총체적으로 보려고 노력하며 그 과정에서 건네고 나누는 책이 어린이를 건강한 독자이자 풍성하게 존재하는 한 사람으로 성장시킨다는 것이지요.

이 책은 어린이책을 종류별로 나눈 후 읽는 이유와 책을 찾는 방법, 읽는 방법에 대해 안내하고 있습니다. '어린이는 책을 읽고 이렇게 자라야 한다'가 아니라 그저 어린이책이 얼마나 다양한지, 어떻게 고르고 접근하면 되는지 알려주고 싶었습니다. 가슴으로 받아들일 수 있는 책을 만나면 얼마나 큰 세계가 펼쳐지는지도 말해주고 싶었습니다.

그래서 독서 교육 방법이나 어린이 자체보다는 '어린이책'에 집중하여 비교적 실현 가능한 독서법들을 안내했습니다. 어린이들이 쉽게 스스로 해볼 수 있는 독서 활동과 그에 필요한 서식도 다양하게 실었습니다.

이 책의 내용이 어린이에게 잘 적용되기 위해서는 어른 독자의 도움이 필요합니다. 앞서서 끌고 가는 어른이 아닌, 곁에서 가만 보아주면서 어린이의 독서를 은근히 도와줄 어른 말입니다. 비가 오면 슬며시 우산을 씌워주고 바람이 불면 묵묵히 뒤에 서주는 그런 어른 말이지요.

제 경우 조바심을 내려놓으니 비로소 온전히 '어린이'라는 존재를 마주할 수 있었습니다. 책을 사이에 두고 만나 몇 차례 대화를 나누는 것만으로도 저를 만나기 전의 독서는 어떠했을지 짐작할 수 있고 지금은 어떤 독서를 하고 있으며 어떤 읽기 문제를 지니고 있는지도 충분히 알 수 있었습니다.

그래서 저는 이제 더 이상 어린이들의 읽기 능력을 점수화하지 않는 것은 물론 그 어떤 테스트도 하지 않습니다. 대신 어린이들이 책을 어떤 마음으로 대하는지 알고 싶어 이런저런 책 수다를 나눕니다. 인생의 베스트 책은 무엇인지, 언제 책 읽기가 싫어지는지, 앞으로 읽고 싶은 책은 무엇인지 등 편히 나눌 수 있는 대화 말이지요. 아이가 책 읽기를 두려워한다면 그 이유가 무엇인지 주의 깊게 관찰하여 재미있게 읽을 만한 책을 찾아 건네기도 합니다.

어린이와 책은 깊고도 어려운 존재라 독서 지도사로 살다보면 때때로 애면글면하는 저를 마주하게 됩니다. 좋은 책 선생님이 되려고 오랜 시간

애썼지만 여전히 실수를 저지르기도 합니다. 그때마다 이것만 기억하자고 다짐합니다. 읽기 능력보다 중요한 것은 '어린이 그 자체'라고요.

2021년
오현선

차례

PART

01

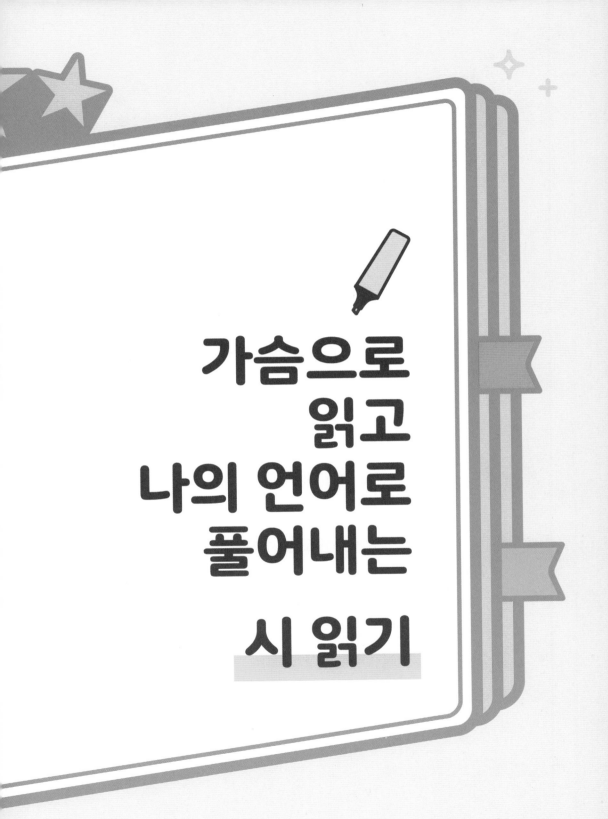

가슴으로
읽고
나의 언어로
풀어내는

시 읽기

시를 읽는 이유

엄마 걱정

기형도

열무 삼십 단을 이고
시장에 간 우리 엄마
안 오시네, 해는 시든 지 오래
나는 찬밥처럼 방에 담겨
아무리 천천히 숙제를 해도
엄마 안 오시네, 배추잎 같은 발소리 타박타박
안 들리네, 어둡고 무서워
금간 창틈으로 고요히 빗소리
빈방에 혼자 엎드려 훌쩍거리던

아주 먼 옛날

지금도 내 눈시울을 뜨겁게 하는
그 시절, 내 유년의 윗목

무언가 그리워지거나 마음이 스산해질 때마다 펼쳐보는 시가 있습니다. 『입 속의 검은 잎』(기형도 글 | 문학과지성사)에 수록된 기형도 시인의 「엄마 걱정」이라는 시입니다. 저는 이 시를 눈으로 살며시 매만져보기도 하고 소리 내어 읽어보기도 합니다. 때론 아끼는 펜을 꺼내 원고지에 가만히 써보기도 합니다.

유년 시절 기다림에 익숙했던 저와 언니는 그야말로 '찬밥처럼' 방에 담겨 부모님을 기다리고는 했습니다. 단칸방을 가득 채우는 덜컹거리는 창문 소리는 어찌나 무섭던지, 기다리다 지쳐 잠이 든 날이면 눈을 뜨자마자 부모님이 오셨는지 확인하고는 했지요.

읽었던 시를 보고 또 보는 이유는 이 시를 처음 만났을 때 느낀 '아!' 하는 마음 때문일 것입니다. 어린이 시 쓰기를 알려주는 『시하고 놀자』(나태주 글, 윤문영 그림 | 푸른길)라는 책에서 나태주 시인은 '울컥하는 마음을 말로 바꾸는 것이 시'라고 말했습니다. 시인은 자신의 울컥하는 마음을 시에 담았을 것이고 그것을 읽은 독자가 감동했다면 분명 독자 마음의 어느 지점을 건드린 것이겠지요. 마음이 건드려진다는 것은 여러 의미가 있습니다. 우선 시어나 표현에 대한 감탄일 수 있습니다. 기쁨과 환희의 감정일 수도 있고, 나의 억압된 감정을 터뜨려주는 후련함일 수도 있습니다. 마주했던 상황이나 행동에 대한 후회일 수도 있을 거고요.

저는 어린이 독서 교실을 운영합니다. 입이 심심할 때면 사탕을 하나씩 입에 넣듯 어린이들에게 시를 읽어주고는 하는데요, 어느 날은 강기화

동시집 『놀기 좋은 날』(강기화 글, 구해인 그림 | 산
지니)에 실린 「공개 수업」이라는 시를 읽어주었습
니다. 이 시는 공개 수업하는 날 평소와는 다른 반
아이들의 모습을 표현한 시입니다. 어린이들은 시
를 듣자마자 "맞아, 맞아!"를 외치며 공감했습니
다. 열한 살 민찬이가 "우리 반하고 똑같네."라고
하자 모두 그 말에 동의하며 이야기꽃을 피우기도 했습니다.

『마음의 온도는 몇 도일까요?』(정여민 글, 허
구 그림 | 주니어김영사)라는 시집은 SBS 〈영재 발굴
단〉 프로그램에 문학 영재로 출연했던 열네 살 정
여민 군의 시 43편을 모은 책입니다. 아픈 엄마를
생각하는 깊은 마음, 남다른 섬세한 감수성으로 바
라본 세상이 잘 담겨 있습니다. 한 편 한 편 깊이를
느끼다보면 책장을 넘기는 손길은 어느새 애틋해지고 손에 들기보다 품에
안게 되는 시집입니다.

이 시집을 읽고 온 어린이들도 섬세한 표현과 문장에 감동했노라며
저마다 좋았던 시에 대해 이야기하기 바빴습니다. 열두 살 지영이는 「쉼
표」라는 시가 마음에 오래 머물렀다며 요즘 힘들어 쉬고 싶던 마음에 위로
가 되었다고 했습니다. 호민이는 「별빛 꿈을 꾸며」라는 시가 좋아 여러 번
읽고 엄마에게도 보여드렸다고 했습니다. 엄마에게 더 마음을 써야겠다는
말도 함께 남겼고요.

시를 읽은 어린이들은 환희, 기쁨, 슬픔, 안타까움, 후련함 등의 단어
를 써서 감상을 말하기도 합니다. 제가 시집을 펼쳐 읽기만 하면 가만 들으

며 마음의 울림과 생각의 반짝임을 서슴없이 언어로 표현합니다. 지금까지 시를 못마땅하게 여기거나 감흥 없이 듣는 어린이를 본 적은 없습니다.

누구나 알듯 시는 함축적이지요. 그래서 마음 속에 일으키는 파장이 클 것입니다. 함축적인 시어는 무지개보다 더 많은 고운 빛깔로 어린이들의 마음을 물들입니다. 그리고 이내 자기만의 언어로 재생산됩니다. 자기 언어가 풍부한 사람은 풍성하게 존재할 수 있습니다.

그뿐만이 아닙니다. 시를 읽으며 자신의 언어로 자기 감정을 표현하는 것은 일상의 찌든 때를 벗어버리고 생채기 난 마음에 스스로 약을 바르는 일입니다. 시가 마음의 약이 되어줄 때 어린이는 다친 마음을 회복하며 다시 자신의 일상을 사랑하려고 노력하게 됩니다.

시는 우리에게 삶은 기쁨만 있지 않다는 것을 알려주며 동시에 그 삶을 사랑하는 법도 알려줍니다. 더불어 사는 힘이 되어줍니다. 이것이 어린이들이 시를 읽어야 하고, 어른들도 함께 읽어야 하는 이유입니다.

가슴에 담기는 시집 찾기

세상에는 아름다운 시가 많지만 가까이하기에는 너무 먼 것처럼 어렵게 느껴집니다. 저는 그 이유가 평소에 시를 곁에 두고 여유 있게 감상할 기회를 얻기 전에 학교 수업 시간에 잠시 만나고 헤어졌기 때문이라고 생각합니다.

어른이 어린이를 위해 쓴 '동시'와 어린이가 어린이의 경험과 정서를 담아 쓴 '어린이 시'를 모은 시집이 많습니다. 그런 시를 찾아 많이 읽을 수 있도록 도와주세요. 같은 갈래의 글을 많이 읽는 것만으로도 이해하는 힘을 어느 정도 키울 수 있습니다.

어린이가 읽기에 좋은 어린이 시집과 동시집을 소개하려고 합니다. 시를 읽는 이유는 다양하기에 어떤 것을 먼저 읽거나 어떤 시가 좋다고 말하기 어렵습니다. 그렇지만 저는 어린이 시를 놓치지 않으려고 노력합니다. 어린이 시선에서 잡아낸 소재나 글감을 만날 수 있기 때문입니다. 특히 또래가 쓴 시들을 읽다보면 '시는 어렵지 않구나'라는 생각을 갖게 되어 열린 마음으로 시를 읽고 쓸 수 있습니다. 시가 친구처럼 가까워지는 것이지요.

그래서 어린이 시집을 먼저 소개합니다.

어린이가 쓴 어린이 시집

| 쉬는 시간 언제 오냐 (휴먼어린이) | 혼자 먹는 메론빵 (북극곰) | 내 입은 불량 입 (크레용하우스) | 달팽이는 지가 집이다 (푸른숲주니어) | 학교야, 공차자 (보림) |

『쉬는 시간 언제 오냐』(초등학교 93명 아이들 글, 박세연 그림 | 휴먼어린이)는 초등학생 93명 어린이의 시를 모은 시 모음집입니다. 여러 어린이가 쓴 덕분에 다양한 시를 만날 수 있습니다.『혼자 먹는 메론빵』(이현서 외 글 | 북극곰)은 곡성 서봉마을의 길작은도서관에 오는 어린이 29명이 쓴 시 모음집입니다. 툭 뱉는 듯한 말속에 어린이들의 삶과 귀한 생각이 담겨 있어 읽는 재미가 큽니다. 경북봉화분교 어린이들이 쓴『내 입은 불량 입』(경북 봉화 분교 어린이들 글그림 | 크레용하우스) 또한 어린이들의 생활 속에서 길어낸 재료로 쓴 사랑스러운 시들이 담겨 있습니다.

『달팽이는 지가 집이다』(서창우 외 글 | 푸른숲주니어)와『학교야, 공차자』(김용택 편 | 보림)는 섬진강 시인으로 알려진 김용택 선생님이 직접 어린이들의 시를 모은 시 모음집입니다. 출간된 지 무려 20여 년이 되었기에

지금 어린이들의 삶과 다른 '자연', '가축'을 소재로 한 시도 있습니다. 혹자는 이런 시는 요즘 어린이들이 공감하지 못한다면서 읽는 의미가 없다고 하는데 저는 생각이 다릅니다. 공부와 학원이 주요 일과인 어린이들이 다른 형태의 삶을 느끼고 이해할 수 있도록 창을 열어주어야 한다고 생각합니다.

겪어보지 않은 삶이기에 당장은 공감하지 못할 수 있지만 문학의 위대함 중 하나가 시공간을 초월한 삶을 보여주는 일이라는 점을 잊지 말아야 합니다.

이 시집들에 담긴 시를 쓴 어린이들은 지금 자녀를 키우는 부모님들과 비슷한 나이가 되었을 것입니다. 그렇다면 시를 읽어주면서 그 시절에는 어떤 삶을 살았는지 이야기를 나누는 시간을 가져보아도 좋겠습니다.

어른이 어린이를 위해 쓴 동시집 중에서 어린이들이 좋아하는 동시집을 소개하겠습니다.

어른이 쓴 동시집

어이없는 놈
(문학동네)

쉬는 시간에
똥 싸기 싫어
(토토북)

오줌이 온다
(토토북)

『어이없는 놈』(김개미 글, 오정택 그림 | 문학동네), 『쉬는 시간에 똥 싸기 싫어』(김개미 글, 최미란 그림 | 토토북), 『오줌이 온다』(김개미 글, 박정섭 그림 | 토토북)는 김개미 시인이 쓴 동시집입니다. 어릴 적 친구들이 지어준 별명인 '개미'를 필명으로 쓰게 되었다는 김개미 시인의 시들은 통통 튀는 매력이 있습니다. 어린이들의 마음을 대변하는 시도 많아서 읽어주면 초롱초롱해지는 어린이들의 눈빛을 볼 수 있습니다.

어른이 쓴 동시집

날아라, 교실
(사계절)

놀기 좋은 날
(산지니)

라면 맛있게
먹는 법
(문학동네)

팝콘 교실
(창비)

뻥튀기는 속상해
(푸른책들)

책벌레 공부벌레
일벌레
(푸른책들)

여러 시인의 동시를 모은 『날아라, 교실』(백창우 외 52인 글, 김유대 그림 | 사계절)을 비롯하여 강기화 시인의 『놀기 좋은 날』(강기화 글, 구해인 그

림 | 산지니), 권오삼 시인의 『라면 맛있게 먹는 법』(권오삼 글, 윤지회 그림 | 문학동네), 문현식 시인의 『팝콘 교실』(문현식 글, 이주희 그림 | 창비) 모두 어린이들에게 읽어주었을 때 소감을 말하거나 관련 경험을 이야기하느라 입술이 옹알옹알 움직였던 시집입니다. 한상순 동시집 『뻥튀기는 속상해』(한상순 글, 임수진 그림 | 푸른책들)와 『책벌레 공부벌레 일벌레』(이묘신 글, 정지현 그림 | 푸른책들)도 어린이들이 즐겨 읽는 시집으로 틈만 나면 아무 곳이나 펼쳐 읽어주고 있습니다.

어린이들의 마음을 움직이거나 웃음 짓게 한 어린이 시집과 동시집을 몇 권 소개했습니다. 다른 책과 마찬가지로 시도 여러 시인이 쓴 시를 다양하게 접할 기회를 주어야 합니다. 그래야 가슴으로 느끼는 시를 만날 가능성이 커지고 시에 대한 마음이 열릴 수 있습니다.

우리 집의 잘 보이는 공간에 시집을 따로 모아 진열해보세요. 집 안을 오가다가 눈에 띄는 시집을 들고 감상하는 일이 자연스러워질 수 있게요. 이 소소한 일이 일상의 작은 기쁨이 되면 삶이 더 풍요로워질 거라 믿습니다.

적극적인 시 읽기

시를 적극적으로 이해하고 받아들이려고 노력하면 진정으로 시를 읽는 독자에 다가설 수 있습니다. 그래서 이번에는 조금 더 적극적인 시 감상법을 안내하려고 합니다.

● 제목 짓기

제가 어린이들과 하는 여러 활동 중에서 개인적으로 즐기는 활동이 있습니다. 시 내용만 읊어주고 제목을 지어보는 활동입니다. 『어이없는 놈』(김개미 글, 오정택 그림 | 문학동네)에 수록된 「어이없는 놈」은 제목 짓기 활동에서 자주 활용하는 시입니다. 102호에 사는 다섯 살짜리 동생에 관한 시인데요, 칭찬을 해주거나 무언가를 가르쳐준다고 해도 원래부터 자신은 다 잘한다며 잘난 체하는 귀여운 모습과 그런 동생을 바라보는 형의 따뜻한 시선을 느낄 수 있는 시입니다. 즐겁게 시를 들은 어린이들은 '옆집 동생', '102호 동생', '이상한 동생' 등 다양한 제목을 지어냈습니다. 옆 친구가 말

하는 제목을 듣고 응용해서 말하기도 하고 시를 다시 읽어달라고도 했습니다. 원래 제목을 알려주자 '아하!' 하는 탄성과 웃음이 함께 나왔습니다.

제목을 지으려면 시의 전체 의미를 생각하며 귀 기울여 들어야 합니다. 시어 하나, 문장 하나도 이해하려고 노력해야 합니다. 이 과정이 모두 화자의 마음, 시인의 마음에 다가서려 노력하는 일입니다. 즐거운 놀이이면서 적극적으로 시를 감상할 수 있는 활동이지요.

저는 종종 학부모를 대상으로 제목 짓는 활동을 해보는데 아이들처럼 정답을 이야기하는 분은 거의 없습니다. 시인이 시를 잘 전달하기 위해 고심하여 만든 제목이니 우리가 모르는 게 당연한 일입니다. 그러니 원래 제목과 다른 제목을 지어도 괜찮습니다. 중요한 것은 시를 총체적으로 생각해보고 원래 제목을 듣는 순간 '아!' 하며 깨닫는 경험을 자주 가지는 것입니다.

● **별점 매기며 읽기**

앞에서 소개한 시집도 좋고 어린이와 함께 고른 시집도 좋습니다. 시집을 1권 준비해주세요. 활동을 함께 하는 사람도 같은 시집을 준비해주세요. 그리고 각자 자신의 시집을 자유롭게 감상하고 제목 옆에 별점을 매겨봅니다. 그 후 몇 개의 별점을 주었는지 이유를 말해보세요. 이 과정에서 자연스럽게 감상을 나누게 됩니다. 어린이들은 주로 공감도나 재미도에 따라 별점을 주기 때문에 어느 부분에서 어떻게 공감했는지, 어떤 점에서 재미있었는지 이야기를 나누면 시를 적극적으로 감상할 수 있습니다. 참고로 별 모양 스티커를 준비해서 시 옆에 붙이게 하면 더욱 재미있게 시 읽기를 할 수 있습니다. 이 활동을 함께 하는 사람 수대로 책을 준비하는 것이 부담스럽다면 별점 옆에 구성원의 이름을 써서 구분해도 좋습니다.

● 나만의 시집 만들기

혹시 좋아하는 것을 모아본 경험이 있나요? 누구나 자신이 좋아하는 것을 모으면 그것을 귀하게 여기게 되고 시간이 흐를수록 더 사랑하게 됩니다. 저는 학창 시절 시를 모은 적이 있습니다. 튼튼한 하드커버에 자물쇠가 달린 작은 다이어리를 사서 제가 좋아하는 시를 한 편씩 썼습니다. 온전히 이해할 수 없는 시도 있었지만 잡힐 듯 잡히지 않는 시어나 문장이 막연하게 다가오는 그 느낌이 좋아 온전히 이해할 날을 갈망하며 썼습니다. 아끼는 볼펜으로 정성껏 한 자 한 자 써 내려갔던 그 순간의 충만함이 지금도 선연합니다.

어린이들도 이렇게 마음에 드는 시를 골라 나만의 시집을 만들어 볼 수 있습니다. 작은 수첩이나 공책을 마련해 좋아하는 시를 천천히 옮겨 써 보세요. 독서 수업 중 시를 한 편 필사해본 열세 살 지수는 읽을 때는 놓쳤던 좋은 표현을 발견해 놀라웠다고 말했습니다. 지운이는 자신이 마치 시인이 된 것 같다고 했고요, 규민이는 시인의 감정이 자신에게도 전해졌다고 했습니다.

눈으로 읽는 것과 종이에 한 글자씩 옮기는 일은 이렇게 다릅니다. '최고의 천천히 읽기'라고 말하는 필사의 힘을 어린이들이 느낄 수 있다면 좋겠습니다.

출판사에서 펴낸 시집이 의미가 있는 것처럼 자신의 마음에 들어온 시를 모아 필사하여 자신만의 시집을 만든다면 그 또한 큰 의미가 되겠지요. 살면서 힘든 순간 펼쳐 읽어볼 수 있는 '나만의 시집'이 있다면 든든하지 않을까요?

● 시를 듣고 그림 그리기

시를 읽으면 시의 분위기나 장면이 마음속에 그려집니다. 아이들에게 시를 들려주고 시에 어울리는 그림을 그리게 해보세요. 이 활동을 통해 아이들은 시어의 뜻이나 의미를 더 생각하려고 애쓰고 시 전체의 분위기를 자세히 느끼려고 노력할 것입니다. 삽화가 있는 시는 그림을 가려놓거나 시만 읽어주고 아이들에게 머릿속에 떠오른 장면을 그려보라고 하세요. 그다음 아이들이 그린 그림과 삽화를 비교해보는 활동을 해도 좋습니다. 가족이 모여서 각자 그림을 그리고 서로 바꿔보며 이야기를 나눠보세요. 그러면 가정에서도 자연스럽게 시를 감상할 수 있습니다. 다만 그림을 쉽게 그릴 수 있다는 생각은 버려야 합니다. 그림 그리는 것을 어려워하는 어린이에게는 완성도보다 떠오른 이미지를 나타내는 노력이 더 값지다는 점을 꼭 알려주세요.

● 한 줄 감상평 쓰기

적극적인 시 읽기의 마지막 방법으로 한 줄 감상평을 써보겠습니다. 이것은 말 그대로 시를 읽고 하고 싶은 말 한마디를 쓰는 활동입니다. 안도현 시인의 「스며드는 것」이라는 시는 등판 위로 쏟아지는 간장을 피해 새끼들을 보호하는 어미 게의 모성을 나타낸 시입니다. 다음은 이 시를 들은 어린이들의 시 감상평입니다. 잠깐 덧붙이자면 저는 어린이들에게 어린이시와 동시만 읽어주지는 않습니다. 온전히 이해할 수 없을지라도 여러 시어를 접하면서 다양한 감각과 정서를 느껴볼 수 있도록 어른 시도 읽어줍니다. 그런 의미에서 어른 시를 들려주고 감상평을 써보게 했습니다.

　　- 사람이 너무 잔인하다.
　　- 꽃게 맛있겠다.
　　- 그 현실을 부정해도 다 받아들일 운명이다.
　　- 꽃게도 자식을 사랑하는 마음이 느껴졌다.
　　- 누가 봐도 간장게장을 말하는 것 같다.
　　- 아무리 게지만 사람과 마음이 같은 것 같다.
　　- 간장게장? 맛있는 것이다.
　　- 꽃게의 가족애를 느꼈다.

　　어린이들의 감상평이 어떤가요? 시인이 이야기하고자 하는 의미를 잘 받아들인 감상평도 있고, 이해하지 못한 감상평도 있습니다. 그렇다고 '꽃게가 맛있다' 등의 평을 한 어린이가 평생 이 시의 의미를 모르거나 의미 없는 시로 치부하는 건 아닙니다. 태어나 처음으로 「스며드는 것」을 만나 감상을 남긴 어린이는 오랫동안 이 시의 존재를 기억할 것이고 마음과 생각이 훌쩍 자라 다시 만난다면 그때는 시의 의미를 이해할 수 있겠지요.

　　한 줄 감상평 쓰기는 협동으로 하는 것이 좋습니다. 다른 독자들의 감상평을 읽는 것만으로도 다양한 시 감상이 가능하고 감상평의 도움을 받으면 시를 이해할 수 있는 가능성이 커지거든요. 나아가 다음의 단어들을 활용하여 감상평을 하면 조금 더 다채로운 대화를 나눌 수 있습니다. 시를 읽고 감상을 말하기 어려워하는 어린이들이나 느낀 점을 말하라고 하면 얼음이 되어버리는 어린이들에게는 예시를 주는 것이 생각의 자극을 도와줍니다.

표현력이 좋다	정말 공감된다	소리 내어 읽어보고 싶다	엄마에게 읽어드리고 싶다
비유를 잘했다	소재가 참신하다	외우고 싶다	커서 다시 읽고 싶다
읽어보니 눈물이 난다	관찰력이 좋다	나도 이 정도는 쓸 수 있을 것 같다	친구에게 읽어주고 싶다
마치 내 이야기 같다	웃음이 나온다	계속 읽고 싶어진다	계속 생각날 것 같다
재미도 의미도 없다	이해가 잘 되지 않는다	비슷한 경험이 있다	나도 시를 쓰고 싶은 마음이 든다
소리 내어 읽어보니 운율감이 느껴진다	내용이 명쾌하다	어떤 말을 하고 싶은지 잘 알겠다	마음에 품고 싶다

● 화자에게 한마디 말 걸기

'화자'는 시 속에서 말하는 사람입니다. 동시는 어른이 어린이 화자를 내세워 쓰는 경우가 많고, 어린이 시는 어린이들이 자신의 시선에서 보고 듣고 느낀 것을 쓰는 경우가 많아 자연스럽게 어린이를 화자로 설정합니다. 제목 짓기, 별점 매기기와 더불어 화자에게 한마디 말을 걸어보세요. 화자에게 하고 싶은 말을 한 줄 평처럼 짧게 쓰면 됩니다. 화자가 부정확하다면 시에 등장하는 사람이나 사물에게 말을 걸어도 됩니다.

대화로 감상을 나누어도 좋고 시집에 쓰는 것도 좋습니다. 그럼 그 시집은 온전히 어린이의 것이 됩니다. 책에 메모하는 게 꺼려진다면 다음과 같이 엽서 크기의 '나의 시 독서 카드'를 만들어 시를 옮겨 쓰고 평을 남기면 좋습니다.

	나의 시 독서 카드
제목 짓기	
시 감상	
별점 (공감도)	☆ ☆ ☆ ☆ ☆
화자에게 한마디 말 걸기	

시 깊이 읽기

글을 더 깊이 이해하려면 자신의 경험과 연결 지어보는 것이 좋습니다. 그래서 시를 읽고 자신의 경험을 떠올릴 수 있는 활동을 소개합니다.

● **시 일부 바꾸기**

아래는 정여민 군의 『마음의 온도는 몇 도일까요?』(정여민 글, 허구 그림 | 주니어김영사)에 수록된 「소망의 병」이라는 시입니다.

소망의 병

만약 투명한 병에 담고 싶은 게 있다면
따사롭고 눈부신 햇살이겠지
마음이 추운 사람들에게
한줄기 햇살마저 아낌없이 선물할 것이다

그리고 환한 달빛도 모아 두겠지

어둠이 무서운 아이의 창문을

달빛으로 두드려

어둠을 손으로 열게 할 것이다

만약 투명한 병에 담고 싶은 게 있다면

따뜻한 바람이겠지

밤하늘에 떨어져 있는 엄마 별과 아기 별이

꼭 안고 잘 수 있게

바람으로 밀어 줄 것이다.

　　제목처럼 나의 소망을 표현한 시입니다. 사람은 누구나 소망이 있겠지요. 그 바람을 담아 한 어린이가 정여민 군의 시를 일부 바꾸어보았습니다. 그랬더니 단번에 이 어린이의 소망을 알 수 있는 시가 되었습니다.

소망의 병	소망의 병
만약 투명한 병에 담고 싶은 게 있다면 ＿＿＿＿＿＿＿ 이겠지 ＿＿＿＿＿＿＿ ＿＿＿＿＿＿＿ 것이다	만약 투명한 병에 담고 싶은 게 있다면 수학 문제의 답이겠지 풀어도 풀어도 모르는 문제가 생기면 엄마 몰래 볼 것이다

● 시 편지 쓰기

다음 시는 열두 살 진서가 쓴 시입니다. 한 번 읽어보세요.

용기

가장 친한 수진이가 내 흉을 봤다
이야기를 듣고 화가 났다

수진이에게 전화를 걸었다
새어 나오는 다정한 목소리
따지려고 했지만 용기가 나지 않았다

잠자리에 누우니 다시 화가 났다
다음 날 학교에서 수진이를 봤다
환하게 웃으며 다가왔다
밤새 화난 마음이 다시 사그라들었다

용기를 내기로 했다
따지는 용기 말고
모른 체 하는 용기

수진이는 여전히 내 친구다

어른들과 마찬가지로 어린이들도 누군가를 미워한 경험이 있을 것입니다. 이 시를 쓴 진서는 자신을 흉본 친구가 밉지만 모른 체하고 전처럼 친하게 지내기로 합니다.

이 시를 읽고 공감을 한 어린이들은 감상을 남기고 싶어 할 겁니다. 하고 싶은 말이 많아 짧게 감상을 남기기 어렵다면 화자에게 편지를 쓰는 활동을 해보세요. 이것은 '화자에게 한마디 말 걸기'보다 조금 더 심화된 활동으로 재미있게 장문의 감상평을 쓸 수 있습니다.

화자에게 편지를 쓸 때는 3가지 내용이 들어가야 합니다. 첫 번째, 화자에게 있었던 일과 그 일에 대한 소감이나 생각. 두 번째, 내가 화자라면 했을 생각이나 행동. 세 번째, 위로, 조언, 제안 등 해주고 싶은 말입니다.

열두 살 경진이는 진서가 쓴 「용기」라는 시를 읽고 아래와 같은 시 편지를 남겼습니다.

✉

진서야, 안녕? 나 경진이야. 네가 쓴 시 정말 잘 읽었어. 읽어보니까 수진이가 네 흉을 본 것 같더라. 그렇지? 어떤 흉을 보았는지는 모르겠지만 속상했을 것 같아. 그런데도 너는 수진이의 웃는 모습을 보고 마음이 풀려 모른 체하기로 했다니, 그 용기가 너무 멋있어. 내가 만약 너라면 수진이하고 다시 친하게 지내지는 못할 것 같아. 배신감이 느껴질 것 같거든. 나의 흉을 본 친구는 친구라고도 할 수 없지 않을까? 그런데도 어떻게 용기가 생겼는지 신기하기도 해. 어쨌든 잘 지내고 있다니 다행이야. 네가 참 멋지다는 말을 꼭 해주고 싶어. 하지만 만약 수진이가 또 네 흉을 본다면 그때는 잘 생각해보도록 해. 나중에 상처가 클 수도 있으니까. 그럼, 안녕.

2021년 4월 10일

너의 시를 읽은 경진이가

　　시의 화자에게 편지를 쓰면 시를 적극적으로 읽으려고 노력하게 됩니다. 단, 화자의 경험이 구체적으로 들어간 시를 골라야 쉽게 쓸 수 있습니다.

　　시 편지 쓰기 활동은 별도로 해도 좋지만 앞의 '적극적인 시 읽기' 활동에 이어 해도 좋습니다. 그래서 앞에 제시된 양식에 편지를 쓰는 칸을 추가했습니다. 처음부터 편지를 쓰는 것은 부담스러울 수 있으니 앞의 양식을 충분히 활용해 익숙해진 뒤 이 양식을 활용해보세요.

나의 시 독서 카드

제목 짓기		시 편지 쓰기
시 감상		
별점 (공감도)	☆ ☆ ☆ ☆ ☆	
화자에게 한마디 말 걸기		

삶이 담긴 시 쓰기

『다니엘이 시를 만난 날』(미카 아처 글 | 비룡소)은 소년 다니엘이 어느 날 공원 입구에 붙어 있는 '공원에서 시를 만나요, 일요일 6시'라는 안내문을 보고 일주일간 시가 무엇인지 탐구해보는 과정을 그린 그림책입니다. 다니엘은 동물들에게 "시는 뭐라고 생각하니?"라고 묻습니다. 동물들은 저마다 자신만의 아름다운 언어로 시가 무엇인지 이야기해줍니다. 다니엘은 '나뭇잎이 바스락거리는 것', '시원한 연못에 뛰어드는 것' 등 동물들이 말해준 구절을 모아 시를 짓고 일요일 공원에서 멋지게 낭송합니다. 그림책을 다 읽으면 우리 주변의 것을 잘 관찰하여 자신만의 언어로 바꾼 것이 시라는 것을 알 수 있습니다.

어린이들과 시를 쓰기 전 이 그림책을 함께 보면서 시가 어렵지 않다는 것을 스스로 깨우치게 도와주세요. 그 후 본격적으로 시를 쓰면 좋겠습니다.

● 글감 쉽게 찾기

어느 글이든 가장 중요한 것은 '글감'입니다. 다음은 어린이 시에서 자주 등장하는 소재이자 어린이들의 평범한 일상과 관련된 글감을 모은 글감표입니다.

엄마	아빠	할머니	가족	동생
언니	누나	오빠	강아지	고양이
학원	공부	숙제	선생님	친구
봄	여름	가을	겨울	봄비
낙엽	눈	비	구름	바람
분노	슬픔	절망	짜증	기쁨
음식	외식	점심 시간	급식 시간	과자
학용품	지우개	연필	핸드폰	옷

위의 글감을 참고해도 좋고 어린이가 쓴 시집의 목차를 활용해도 좋습니다. 시집의 목차는 각 시의 제목으로 구성되어 있습니다. 시의 제목은 곧 글감인 경우가 많고요. 어린이가 쓴 시의 글감은 어린이의 시선에서 찾아낸 것이라 시의 제목이기도 한 목차를 보면 관련 경험이 떠올라 글감을 쉽게 찾을 수 있습니다. 예를 들어 '벚꽃'이라는 제목을 보고 어제 길에서 본 벚꽃을 떠올려 시를 쓸 수 있다는 것입니다. '학토재(happyedumall. com)'에서 구입할 수 있는 '명사 카드'를 활용해도 좋습니다.

● 시 내용 구상하기

다음과 같은 서식을 만들고 한가운데에 글감인 중심 단어를 쓰게 하세요. 예시로 '오빠'라는 중심 단어를 가운데 칸에 써보았습니다.

	오빠	

중심 단어 '오빠'를 둘러싼 8개의 칸에는 글감과 관련하여 떠오르는 사건이나 감정을 한 단어로 씁니다. 칸의 수가 정해져 있어서 생각나는 대로 모두 쓸 수 없으니 어린이들은 어떤 단어를 쓸지 신중히 고르게 됩니다. 이 활동을 하다보면 머릿속에 시 내용을 구상할 수 있습니다.

8개의 단어를 채우기 어려워한다면 아래와 같은 질문을 해주세요.

• 중심 단어와 관련된 경험이 있니?
• 단어를 쓴 이유가 무엇이니?
• 단어를 보면 무엇이 떠오르니?
• 단어를 떠올리면 어떤 마음이 느껴지니?

만약 이 질문에 답을 못한다면 글감을 잘못 고른 것이니 다시 고르게 해주세요.

화산	강아지	천둥
침묵	오빠	수학
시간	공부	인내심

● **시 쓰기**

8개의 단어 중에서 시를 쓸 때 사용할 단어를 선별해 동그라미로 표시해보세요. 단어 모두 활용해도 상관없습니다.

(화산)	(강아지)	(긴장)
(침묵)	오빠	(수학)
(시간)	공부	인내심

단어를 골랐다면 글감과 관련된 내용을 편안하게 쓰게 해주세요. 다음은 예시로 써본 시입니다.

오빠가 화날 때

수학 문제가 안 풀릴 때
화가 난다는 오빠
말도 없이 소리도 없이

하루 종일 침묵하는 오빠

벌게진 얼굴로

말없이 거실을 서성이는 오빠

조용한 화산이 있다면

이런 것일까?

집안은 조용하고 시간은 느리다

강아지도 눈치 보며 주변을 맴돈다

엄마도 아빠도 말이 없다

모두가 인내심이 필요한 시간

화가 날 때면 말없이 벌게진 얼굴로 서성이기만 하는 오빠와 집안의 긴장감을 표현한 시입니다. 시는 머릿속에 떠오른 단어를 의미 없이 나열하는 게 아니라 그 단어를 떠올리게 된 경험과 경험에서 비롯된 생각이나 마음이 느껴지도록 써야 한다는 것을 꼭 알려주세요. 이렇게 글감과 떠오른 단어를 활용하면 시를 쉽게 쓸 수 있습니다.

● 단어 연상하여 시 쓰기

이 방식이 익숙해지면 시어의 속성을 더 깊이 생각해볼 수 있는 '단어 연상법'을 시도해보세요. 단어 연상법은 소재가 되는 시어를 정하고 그 시어로 인해 떠오르는 단어를 연결해 쓰는 활동입니다. 무조건 사방으로 발산하지 않고 하나의 방향으로 단어를 연상하는 건 생각의 힘이 많이 필요합니다. 따라서 이 방법은 생각하는 힘을 왕성하게 키울 수 있습니다.

'빨래집게'로 단어 연상을 해보겠습니다. 아무 단어나 연결하지 않고 '빨래집게'의 속성이나 특징을 생각하며 한 단어, 한 단어 신중히 써야 합니다.

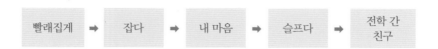

빨래집게로 연상한 5개의 단어가 나왔습니다. 단어 연상을 하는 동안 마음속에 그려진 이미지를 자유롭게 시로 써보았습니다.

빨래집게

민서가 전학 갔다
다시는 만날 수 없는 외국으로 간 민서.
슬픈 마음에 옥상에 올라갔다

흐느적거리는 수건들이
빨래집게에 매달려 있다

민서가 보고 싶어 슬픈 내 마음도,
이제는 누구와 놀까, 흔들리는 내 마음도,
저 빨래집게가 잡아준다면
얼마나 좋을까?

● 경험에서 글감 떠올리기

앞서 글감표, 단어 연상법을 활용해 글감 찾는 방법을 안내해드렸습니다. 이번에는 자신의 경험에서 글감을 떠올려보겠습니다.

경험에서 글감을 찾을 때는 경험한 것을 떠올려 보라는 제안은 너무 광범위하므로 조금 더 세분화해서 말해주는 것이 좋습니다. '한 것, 본 것, 들은 것, 생각한 것, 주변 사람, 주장 또는 비판하고 싶은 것, 자연에서 본 것'으로 나누어 생각하게 도와주세요.

한 것	영어 숙제	수영	동생과 싸움	엄마 심부름
본 것	친구의 잠옷 바지	휴게소 사람들	새로 산 책	축구하는 친구들
들은 것	운동장의 아이들 소리	시끄러운 자동차 소리	지저귀는 새소리	윗집 청소기 소리
생각한 것 (항상 생각하는 것)	공부는 왜 할까	사람은 무엇일까	코로나19는 언제 끝날까	나는 무엇이 될까
주변 사람	엄마	경비 아저씨	선생님	동생
주장, 비판하고 싶은 것	일회용품을 그만 사야 한다	어른에게 인사해야 한다	어린이를 때리면 안 된다	게임 좀 하게 해주세요
자연에서 본 것	구름 많은 하늘	벚꽃	고양이	호수

위의 표처럼 7가지 분류에 따라 4개의 경험이나 느낀 점 등을 쓰면 일상에서 총 28개의 글감을 찾을 수 있습니다. 표의 내용은 예시이므로 시를 쓰는 어린이가 직접 칸을 채워야 합니다. 그중에서 정말 쓰고 싶은 것을 골라 시 내용 구상하기, 단어 연상법을 활용해 시를 쓴다면 어린이의 삶이 담긴 시가 탄생할 것입니다.

● 공감 시 쓰기

　　다른 사람이 쓴 시를 보고 나의 비슷한 경험을 담아 시를 써보겠습니다. 앞에서 소개한 「용기」라는 시를 기억하나요? 다음은 그 시를 감상한 어린이가 자신의 경험을 살려 쓴 자작시입니다.

용기

가장 친한 수진이가 내 흉을 봤다
이야기를 듣고 화가 났다

수진이에게 전화를 걸었다
새어나오는 다정한 목소리
따지려고 했지만 용기가 나지 않았다

잠자리에 누우니 다시 화가 났다
다음 날 학교에서 수진이를 봤다
환하게 웃으며 다가왔다
밤새 화난 마음이 다시 사그라들었다

용기를 내기로 했다
따지는 용기 말고
모른체 하는 용기

수진이는 여전히 내 친구다

→

용기

동생이 때리고 도망갔다
따라가서 꿀밤을 때렸다
엉엉 울기 시작했다
엄마가 달려오셨다
나는 된통 야단을 맞았다
동생이 얄미웠다

아무 일 없는 듯
거실에서 책을 보는 동생
너무 미워 째려보고 또 째려봤다
어느새 스르르 잠이 든 동생

차가운 바닥에서 이불 없이 누운 동생
미워서 외면하지만
눈길은 어느새 동생에게 갔다

용기 내어 이불을 가져다 덮어주었다
그제야 편안해보인다
내 마음도 편안해진다

내 동생은 여전히 내 동생이다

만약 시를 바로 쓰는 게 어렵다면 제시된 5가지 질문을 활용해보세요. 이 질문은 생각을 자극하기 위한 것이므로 필요한 것만 골라 이야기를 나눈 후에 쓰면 됩니다.

비슷한 경험의 시를 읽고 할 수 있는 질문	비슷한 나의 이야기를 쓰기 위한 질문
1. 화자는 누구일까요?	1. 나에게 누구와 어떤 일이 있었나요?
2. 화자에게 어떤 일이 있었나요?	2. 나의 마음은 어떠했나요?
3. 화자는 어떤 마음인가요?	3. 나의 고민은 무엇인가요?
4. 화자에게는 어떤 고민이 있었나요?	(+ 왜 그런 고민이 있나요?)
(+ 왜 그런 고민이 있나요?)	4. 나는 어떤 태도를 보였나요?
5. 화자는 어떤 태도를 보이고 있나요?	5. 내 생각의 결론은 무엇인가요?

● **'울컥'하는 마음 찾아 쓰기**

사람은 매일 여러 감정을 느끼며 산다고 합니다. 이 감정들을 긍정과 부정으로 판단하고 나누는 것보다 자신의 감정을 정확히 인지하고 다스리는 게 더 중요합니다. 감정을 잘 다스리기 위해서는 그것을 대면하고 말이나 글로 끊임없이 표현해야 합니다.

다음의 표는 여러 감정을 표현하는 말입니다. 오늘 나를 울컥하게 만든 건 무엇이었는지 찾아보게 하고 실컷 말하게 해주세요. 저의 경험상 어린이들은 단어 하나를 고르면 숨도 쉬지 않고 신나게 이야기한답니다. 이야기하는 것만으로도 불편한 감정은 점차 가라앉고 좋은 감정은 마음에 오래 남는다는 것을 아이도 알기 때문이지요. 어린이가 자신의 감정과 그 감정을 느끼게 된 이유를 이야기할 때 청자는 그걸 그대로 받아 적어 다시 어

감정을 나타내는 말			
행복하다	뿌듯하다	상쾌하다	기쁘다
만족스럽다	편안하다	평온하다	기대된다
유쾌하다	즐겁다	흥분된다	황홀하다
감동적이다	신난다	경쾌하다	통쾌하다
미안하다	그립다	애절하다	섭섭하다
화난다	불쾌하다	짜증난다	분하다
허무하다	허탈하다	서럽다	서운하다
슬프다	안타깝다	긴장된다	허전하다
무섭다	억울하다	초조하다	겁난다
놀랍다	막막하다	두렵다	서글프다
귀찮다	지루하다	창피하다	부끄럽다
외롭다	당황하다	황당하다	절망스럽다
비참하다	수치스럽다	무안하다	속상하다

린이에게 보여주세요. 이건 시의 글감을 찾는 데 좋은 방법 중 하나입니다. 찾아낸 글감으로 시 내용 구상하기, 단어 연상법과 같은 방법을 활용해 시를 쓰게 도와주세요. 자신의 마음이 시가 될 수 있다는 것을 알고 시를 쓰면서 감정이 해소된 아이들은 매일 단어를 활용해 시를 쓰고 싶은 마음이 생길지도 모릅니다. 시가 제법 모였다면 '○○의 마음 시'라고 이름 붙여 보관해주는 건 어떨까요?

저는 이렇게 시를 쓴 날이면 어린이가 느낀 감정에 어울리는 약 처방도 해줍니다. 사탕이나 젤리에 '화가 날 때 먹는 약', '기쁠 때 먹는 약' 등의 메모를 써서 주는 것인데요, 나쁜 감정은 가라앉고 좋은 감정은 두 배가 되는 약이라고 이야기해주면 어린이들의 얼굴에 웃음이 번지며 시 쓰기를 행복하게 마무리할 수 있습니다.

창작시 함께 읽기

가족이 모여 시를 낭송하고 제목을 짓고 더 나아가 꾸준히 시를 쓰면 어린이들은 어느새 시와 가까운 사이가 되어 있을지도 모릅니다. 무엇이든 곁에 두고 자주 만나야 친해지는 법이니 시를 늘 곁에 두고 읽는 어린이와 어른이 많아졌으면 좋겠습니다. 이번에는 쓴 시를 함께 보며 나누는 방법을 소개하겠습니다.

● **창작시 함께 생각하기**

시를 쓴 후에는 어린이가 자신의 시에 대해 생각해볼 수 있게 도와주어야 합니다. 어린이들의 글을 읽어보면 다소 어색하게 쓰인 단어나 문장이 보이지만 그렇게 쓴 이유가 분명히 있습니다. 따라서 이를 대화 없이 어른의 기준으로 고치면 시에 담긴 어린이의 정서와 생각이 훼손될 수 있습니다. 그러니 우선 어린이 스스로 자신의 시에 대해 생각할 수 있도록 질문을 통해 대화를 나누어 주세요.

다음 내용은 시를 함께 생각할 수 있는 질문입니다. 내용 확인 질문과 형식 확인 질문으로 구분했습니다.

내용 확인 질문	형식 확인 질문
1. 내가 보거나 듣거나 겪은 일을 썼나요? (나만의 경험이 잘 담겼나요?)	1. 소리 내어 읽었을 때 부드럽게 읽히나요?
2. 내가 하고자 하는 말이 잘 담겼나요?	2. 단어나 문장의 행갈이가 잘못되어 있지는 않나요?
3. 나만의 마음이나 생각이 담겼나요?	3. 의미 전달을 방해하는 단어가 있지 않나요?

내용을 볼 때는 자신의 경험과 생각이 담긴 글인지, 자신이 시를 통해 전하고자 하는 말이 잘 표현이 되었는지, 자신의 마음이나 생각이 잘 담겼는지 질문을 통해 생각하게 합니다.

형식을 볼 때는 소리 내어 읽을 때 부드럽게 읽히는지, 단어나 문장의 행갈이가 잘 되어 있는지, 의미 전달을 방해하는 단어가 있지 않은지 역시 질문을 통해 생각하게 합니다.

6가지 질문으로 이야기를 나누면 어린이는 스스로 시를 다듬을 수 있고, 어른은 어린이의 삶과 생활에 귀를 기울일 수 있습니다. 저는 이것을 '글 대화'라고 부릅니다. 글 대화를 나눈 후 시를 쓰는 일이 이해받고 위로받는 일이라는 것을 어린이들이 알게 되었으면 좋겠습니다.

● 창작시 함께 느끼기

앞에서 말한 시 카드를 기억하시나요? 이번에는 '나의 창작시' 부분에 어린이가 쓴 시를 옮겨 쓰게 하고 친구들이나 가족이 함께 읽으며 제목을 짓고 별점을 매겨보세요. 화자에게 한마디 말 걸기도 해보고요.

어린이들이 글쓰기를 싫어하는 이유 중 하나는 독자가 없는 글을 써야 하기 때문입니다. 그런데 내 글을 읽는 독자가 생긴다면 이야기는 달라지겠지요. 다른 사람이 내 글을 읽고 제목을 새로 짓거나 시의 화자에게 말을 걸어준다면 비로소 글이 살아 숨 쉬는 걸 느낄 수 있을 것입니다. 이때 '별점'에 상처받지 않도록 공감도를 표시하는 것뿐이라는 말을 꼭 해야 합니다. 자신의 글을 타인에게 보여주기 싫어하는 어린이라면 이 활동은 하지 않아야 합니다.

	나의 시 쓰기 카드
제목 짓기	
나의 창작시	
별점 (공감도)	☆　☆　☆　☆　☆
화자에게 한마디 말 걸기	

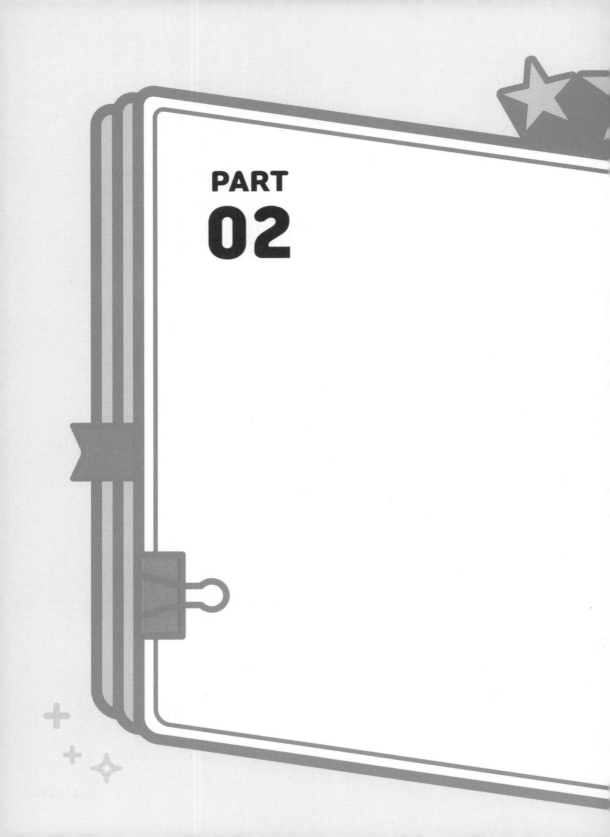

PART
02

기억하고
생각하며
소통하는

과학책 읽기

과학책을 읽는 이유

초등 어린이들에게 과학책을 권하면 처음에는 대체로 과학에 관심 없다는 태도를 보입니다. 그런데 책을 골라 읽고 이야기를 나누다보면 조금씩 적극적으로 변하는 모습을 볼 수 있습니다. 열두 살 유민이는 '온도와 열'에 대한 책을 읽고 과학에 점점 관심이 생기고 있다고 말했습니다. 책을 읽어보니 과학이 우리 생활과 아주 밀접하고 중요하다는 것을 알았다면서요.

● [초등 저학년] 지적 호기심 충족

아이와 함께 동식물이나 자연이 담긴 책을 보면서 감탄해본 경험이 있으신가요? 사람은 누구나 나를 넘어서 나를 둘러싸고 있는 세상을 인식하는 시기를 맞이합니다. 인식하는 순간 호기심이 생기고요. 나와 나를 둘러싼 세상을 잘 보여주는 것이 과학책입니다. 과학책을 펼쳐 읽으며 나와 내 주변의 모든 것을 관찰하고 탐구하면 자연스럽게 호기심을 충족할 수 있습니다.

　만약 과학 도서에 관심이 없거나 한때 즐겨보았는데 멀어졌다면 어린이가 너무 바쁘게 생활하는 것은 아닌지 살펴보아야 합니다. 하루하루 끝내야 할 과업이 많은 어른이 나를 둘러싼 세계에 관심이 없고, 관심이 없어 책을 펼치지 않듯 어린이도 마찬가지입니다. 과학책을 펼치지 않는다면 먼저 세상을 볼 수 있는 여유를 주는 것이 어떨까요?

● **[초등 고학년] 인문학적 가치 함양**

　초등 고학년 대상의 과학책『생명, 알면 사랑하게 되지요』(최재천 글, 권순영 그림 | 더큰아이)에는 최재천 선생님이 동물을 관찰하며 얻은 경험, 생명에 대한 생각이 잘 담겨 있습니다. 그중 전갈 이야기를 잠시 해보겠습니다. 최재천 선생님이 파나마에서 연구하던 시절, 한 여학생이 밥을 먹던 중 갑자기 나타난 전갈을 보고 소리를 질렀습니다. 전갈은 새끼를 낳아 등에 업고 다니는데 그 모습이 징그럽게 느껴졌던 것이지요. 그것이 새끼라는 것을 알고 난 뒤에는 전갈에게 직접 먹이를 가져다주며 애정을 쏟았습니다. 전갈의 모성애에 감동한 것입니다.

　이 책에는 전갈뿐 아니라 여러 생명의 생태와 특성이 잘 소개되어 있습니다. 차분히 읽다보면 어느새 생명에 대해 가졌던 선입견은 사라지고 대상을 이해하는 마음이 생깁니다. 이 책을 함께 읽은 열세 살 어린이들도 무섭고 징그럽게 여기거나 우리에게 피해를 준다고 오해했던 생명에 대한 생각이 달라졌다고 말했습니다. 책의 제목처럼 아는 만큼 사랑하게 된다는 것을 깨달은 것입니다.

　『어린이 논픽션 작가 수업』(한정영 글 | 미래문화사)에서는 지식책에

작가의 철학을 담아야 한다고 말합니다. 지식책을 쓸 때는 보편적인 진리를 전달하는 기반에서 써야 하고 그 과정에서 독자에게 인문학적 가치를 전달해야 한다는 것이지요. 좋은 과학책은 작가의 철학을 통해 과학 지식뿐 아니라 이렇게 인문학적 가치도 함양할 수 있도록 도울 것입니다.

● **[궁극적인 목적] 사고력 향상**

앞에서 말한 지적 호기심 충족과 인문학적 가치를 함양하는 지식책 읽기의 궁극적인 목적은 무엇일까요? 그건 바로 우리가 책 읽기의 효용으로 흔히 말하는 '사고력'입니다. 사고력은 말 그대로 사고하는 힘입니다. 어떤 대상에 대해 사고하기 위해서는 탄탄한 지식이 있어야 합니다. 지식 없이 생각하면 망상에 빠지기 쉽고 지식 없이 펼치는 논리는 궤변에 불과합니다. 탄탄한 지식을 바탕으로 사고하면 시야가 넓어집니다. 시야가 넓은 사람은 조금 덜 죄지을 수 있고 조금 더 인격적일 수 있습니다. 인생을 살면서 이보다 더 중요한 일이 있을까요?

과학책의 종류

과학책은 여러 가지 종류가 있습니다. 아래는 각 책의 종류, 소개 및 특징, 그 책을 읽고 얻을 수 있는 점을 나타낸 표입니다.

종류	소개 및 특징	얻을 수 있는 점
과학 그림책	과학을 소재로 한 그림책	• 지식 감수성과 상상력 성장 • 그림을 통한 미적 감각 소양
과학 인물책	과학자 등의 인물을 소개하는 책	• 인물을 통해 과학의 뿌리 탐구
과학 창작책	과학을 소재로 한 이야기책	• 이야기 읽기 능력 성장 • 과학 흥미 증폭
과학 줄글책	삽화나 사진이 가미된 글책	• 깊이 있는 과학 지식 습득, 사고력 향상 • 인문학적 가치 함양

과학책 종류를 4가지로 구분한 이유는 각 책의 서술 방식과 책에서 얻을 수 있는 점이 다르기 때문입니다. 과학책의 종류가 얼마나 다양한지 알아야 지혜롭게 아이들에게 과학책을 권하고 지도할 수 있습니다.

● 과학 그림책(저학년)

과학 그림책은 그림이 중심이 되고 글은 보조 역할을 하는 과학을 소재로 한 책입니다. 책에 실린 그림으로 과학을 잘 이해할 수 있습니다. 다양한 그림을 보며 예술적 감각과 지식 감수성도 키울 수 있습니다. 길벗어린이 출판사에서 나온 '길벗어린이 과학 그림책 1~12' 시리즈와 웅진주니어 출판사에서 나온 '똑똑똑 과학 그림책 1~30' 시리즈를 추천합니다. 우리 몸부터 동식물, 지구과학, 물리까지 골고루 접할 수 있습니다.

● 과학 인물책(저~고학년)

과학책을 어느 정도 읽은 어린이들은 과학을 연구하는 과학자에게 관심을 갖기 마련입니다. 그럴 때는 과학자를 다룬 책을 접하게 해주면 좋습니다. 지대한 관심과 노력으로 과학을 발전시킨 인물의 일대기를 읽은 어린이들은 자연스럽게 진지한 태도로 과학을 바라보게 됩니다.

참고로 인물책은 이야기책과 지식책의 성격을 모두 갖고 있어서 이야기책만 읽거나 혹은 지식책만 읽는 어린이 모두에게 읽기의 지평을 넓혀주는 역할도 합니다. 과학 인물책을 읽은 후에는 인물이 한 일, 그 일을 할 수 있었던 인물의 장점(강점), 인물이 그 일을 이루는 데 도움이 된 사람과 방해한 사람, 인물이 겪었던 고난 등에 대해 이야기를 나누면 좋습니다.

저학년 시리즈 도서

마리 퀴리
(비룡소)

토머스 에디슨
(비룡소)

장영실
(비룡소)

에디슨
(효리원)

파브르
(효리원)

노벨
(효리원)

고학년 시리즈 도서

에디슨
(웅진씽크하우스)

마리 퀴리
(웅진씽크하우스)

뉴턴
(웅진씽크하우스)

갈릴레오 갈릴레이
(웅진씽크하우스)

여러 과학자의 이야기(중~고학년)

한국사를 뒤흔든
열 명의 과학자
(한림출판사)

세상을 바꾼 과학자
20인의 특별한 편지
(거인)

조선의 과학을
발전시킨 질문쟁이들
(주니어단디)

과학자는 세상을
이렇게 바꿨어요
(토토북)

여성 과학자들의 이야기

(저학년)

놀라지 마세요,
도마뱀이에요
(청어람아이)

나는 과학자의
길을 갈테야
(창비)

(중~고학년)

세상을 바꾼
여성 과학자 50
(길벗어린이)

열정으로 꿈을 이룬
여성 과학자
(생각의집)

● **과학 창작책(저~고학년)**

과학을 소재로 한 과학 창작책은 스토리가 중심이므로 부담 없이 읽을 수 있습니다. 또한 자연스럽게 과학에 관심을 두게 하여 지식 중심 과학책 읽기의 좋은 징검다리가 되어줍니다.

저~중학년

나는 3학년 2반 7번 애벌레
(창비)

자석 총각 끌리스
(해와나무)

로봇 엄마
(시공주니어)

중~고학년

열네 번째 금붕어
(다산기획)

세 번째 버섯
(다산 기획)

중~고학년

엄마 사용법
(창비)

미래의 소년 미르
(비룡소)

다름이의 남다른 여행
(우리교육)

몬스터 바이러스 도시
(문학동네)

UFO가 나타났다
(별숲)

로봇 친구 앤디
(별숲)

우주로 가는 계단
(창비)

별빛 전사 소은하
(창비)

녹색 인간
(별숲)

● 과학 줄글책(고학년)

　　과학 줄글책은 글이 중심인 책을 말합니다. 과학책 읽기 경험이 있거나 과학 배경지식이 있는 어린이들은 줄글책을 통해 조금 더 깊이 있는 과학 지식을 얻을 수 있습니다. 더불어 저자가 책 전반에 걸쳐 말하는 메시지를 읽으며 인문학적 가치도 얻을 수 있습니다.

4~6학년

반려동물 키우기
(상상의집)

WHAT 왓? 물질의
혼합과 산과 염기
(왓스쿨)

물리야 물리야
나 좀 도와줘
(삼성당)

5~6학년

거울과 렌즈는
마법이 아니야!
(알라딘북스)

오르락내리락
온도를 바꾸는 열
(웅진주니어)

똑똑한 우리 몸
설명서
(살림어린이)

번개 맞은
대머리 참새의
날씨 이야기
(종이책)

과학책 탐색 독서

과학책에 관심이 적거나 책을 많이 읽지 않은 어린이가 부담 없이 읽을 수 있는 탐색 독서를 안내하겠습니다. 탐색 독서는 과학의 여러 영역 중 어린이가 관심을 두는 주제와 관련된 과학책을 10권 정도 모아서 말 그대로 자유롭게 여러 책을 탐색해보는 독서 방법입니다.

다음에 제시한 과학의 10가지 영역 중 어린이가 관심을 보이는 주제를 정하는 것이 가장 중요한데요, 만약 관심 있는 주제가 없다면 날씨처럼 우리 생활과 밀접한 주제나 바이러스 같은 시의성 주제를 임의로 정해주어도 됩니다.

관련 도서를 모으고 탐색 독서를 한 뒤 탐색한 정보와 지식을 정리하는 방법을 구체적으로 소개합니다.

● **관심 주제 책 모으기**

　　식물에 관심이 있는 어린이를 예로 들어 책을 찾아보겠습니다. 온라인 서점에서 식물 책을 찾는다면 검색창에 '식물'을 입력하고 유아/어린이 카테고리에서 책을 골라주세요. 이외에 어린이 온라인 서점인 오픈키드(www.openkid.co.kr)나 『지식 그림책 365』(김혜진 외 글 | 학교도서관저널), 『과학 365』(학교도서관저널 도서추천위원회 글 | 학교도서관저널)를 참고하여 책을 찾아도 좋습니다. 이와 같은 방법으로 책을 모아보면 다음과 같은 목록의 책을 모을 수 있습니다.

　　『우리는 당신에 대해 조금 알고 있습니다』(권정민 글그림 | 문학동네)와 『리디아의 정원』(사라 스튜어트 글, 데이비드 스몰 그림 | 시공주니어)은 식물에

그림책	과학 줄글책	과학 줄글책	과학 줄글책 (인물책)	과학 줄글책
우리는 당신에 대해 조금 알고 있습니다. (문학동네)	이렇게나 똑똑한 식 물이라니! (토토북)	동물이랑 식물이 같다고요?! (현암사)	파브르 식물 이야기 1 (사계절)	신기한 식물일기 (미래사)

그림책	과학 줄글책	과학 줄글책	과학 사진책	과학 그림책
리디아의 정원 (시공주니어)	식물은 떡잎부터 다 르다고요?! (현암사)	반려식물 키우기 (상상의집)	어린이를 위한 식물 비교 도감 (가람누리)	식물은 어떻게 겨울나기를 하나요? (다섯수레)

대한 자세를 생각해볼 수 있는 책이며 지식책을 읽기 전 감수성을 갖는 데 도움이 됩니다. 『신기한 식물일기』(크리스티나 비외르크 글, 레나 안데르손 그림 | 미래사)는 주인공 리네아가 자신의 꽃밭을 만드는 과정을 소개하며 식물에 대한 지식을 알려주는 책입니다. 『반려식물 키우기』(강지혜 글, 강은옥 그림 | 상상의집)도 한 가족이 식물을 키우기 위해 의논하는 모습을 보여주면서 자연스럽게 식물에 대한 정보를 알려줘서 어린이들에게 인기가 많은 책입니다. 정확한 사진을 통해 정보를 전달하는 『어린이를 위한 식물 비교

도감』(송길자, 김옥림 글 | 가람누리), 동물과 식물의 유사점과 차이점을 말하는 『동물이랑 식물이 같다고요?!』(노정임 글, 안경자 그림 | 현암사), 식물 분류의 기초 지식을 전달해주는 『식물은 떡잎부터 다르다고요?!』(노정임 글, 안경자 그림 | 현암사) 모두 식물 관련 책입니다. 『파브르 식물 이야기 1』(장 앙리 파브르 글 | 사계절)는 파브르가 연구한 식물 이야기를 담은 책이지만 파브르라는 사람 자체에 궁금증을 불러일으킬 수 있어 과학 줄글책이면서 인물책의 성격을 함께 갖고 있습니다.

식충 식물을 소개하는 『이렇게나 똑똑한 식물이라니!』(김순한 글, 이유리 그림 | 토토북), 식물의 겨울나기에 대해 알려주는 얇은 그림책 『식물은 어떻게 겨울나기를 하나요?』(한영식 글, 남성훈 그림 | 다섯수레)는 식물의 종류 및 생태를 말하고 있습니다.

● **관심 주제 책 탐색하기**

관심 주제 책을 모았다면 이제 어린이가 이 책들을 자유롭게 탐색할 수 있게 도와주세요. 탐색 중에 어린이들은 대체로 아래와 같은 모습을 보일 수 있습니다.

- 어떤 책은 펼쳐보지도 않는다.
- 어떤 책은 목차를 보고 골라 읽는다.
- 어떤 책은 그림만 보고 넘어간다.
- 어떤 책은 글 중심으로 읽어간다.
- 어떤 책은 읽다가 그만둔다.
- 어떤 책은 시간 가는 줄 모르고 몰입 독서한다.

이런 모습은 모두 '독서'입니다. 우리가 입맛에 맞는 음식을 골라 먹듯 어린이도 책 맛을 보면서 주도적으로 독서를 하는 것입니다. 어린이가 책의 그림만 본다면 글이 매력적이지 않거나 자신의 독서력보다 수준 높은 글이라서 이해를 못한다는 뜻입니다. 혹은 그림이 매력적이라 그림에만 빠져드는 것일 수도 있고요. 읽다가 그만둔다면 어떤 이유에서든 더 읽을 필요를 느끼지 못했기 때문입니다. 발췌해서 읽는다면 아는 부분은 넘어가고 얻고 싶은 정보만 얻겠다는 뜻입니다. 펼쳐보지도 않는 책은 표지에서부터 어린이의 흥미를 끌지 못했기 때문에 읽지 않아도 됩니다.

이것이 바로 '탐색 독서'이며 이 방식은 모든 지식책 읽기에 유효하게 작용합니다. 이 과정에서 어린이가 얻는 것은 무엇일까요? 먼저 자기 독서력에 맞는 책을 찾을 수 있습니다. 여러 구성의 책을 맛보면서 맛있는 반찬을 골라 먹듯 책 읽는 기쁨도 누릴 수 있고 책을 선별하는 능력도 기를 수 있으며 단시간에 많은 지식을 습득할 수 있습니다.

모은 책 중에서 2~3권 정도에만 관심을 보인다 해도 실망하지 마세요. 어린이에게 문제가 있는 것은 아닙니다. 책은 억지로 읽을 수 없으니 읽을 만한 책을 더 검색해서 찾아내는 일로 돌아오면 됩니다.

이런 방식의 독서를 통해 어린이가 크게 얻은 소득이 있는데 혹시 눈치채셨나요? 관심 주제인 식물 관련 책을 찾아 읽는 과정에서 문학 그림책, 과학책, 인물책 등 여러 분야의 책을 모두 접했다는 사실입니다.

많은 부모님이 중요하게 생각하는 영역별 독서는 이렇게 어린이의 특성에 맞는 책을 함께 찾는 것에서 시작합니다. 지금 내 곁에 있는 어린이의 관심 주제는 무엇인지 유심히 보고 책을 모아 탐색 독서를 하게 도와주세요.

● 탐색 지식 기록하기

　　탐색한 지식을 기록해보겠습니다. 과학책에는 삶에 도움이 되는 정보와 지식이 많습니다. 마치 '보석'과도 같은 지식·정보지요. 이 지식·정보를 다른 사람에게 알려주기 위해 예쁜 보석 모양의 막대나 종이에 글을 써보는 독서 활동입니다. 긴 글쓰기가 아니어서 부담이 적고 탐색한 지식을 정리해볼 수 있어 좋습니다.

　　다음은 『두 얼굴의 하늘 날씨와 재해』(신방실 글, 김소희 그림 | 아르볼)에서 찾은 정보를 가족과 친구에게 알려주는 '책 속 보석 찾기' 예시입니다. 어린이들이 정확한 정보를 쓸 수 있게 도와주세요.

✪ 활동 방법

1. 탐색 도서 중 몰입해 읽은 도서를 고릅니다.
2. 책 속에서 가족, 친구 등에게 도움이 될 지식이나 정보를 찾아 보석 막대나 보석 찾기에 1개씩 씁니다.

✪ 활동 목적

1. 책 속에서 찾은 지식이나 정보가 우리 삶에 필요하다는 것을 깨닫습니다.
2. 타인에게 필요한 정보를 찾으며 소통의 방식을 체험할 수 있습니다.
3. 지식책에 대한 호감도를 높입니다.

✪ 참고 사항

1. 몰입하여 읽은 책이 없다면 탐색한 도서에서 각각 1~2개씩만 찾아도 됩니다.

과학책 속 보석 찾기

책 제목 : 날씨와 재해

과학책을 읽고 내가 좋아하는 사람에게 꼭 전해주고 싶은 '보석 같은 정보'를 찾아 아래 보석에 간단히 써보세요.

아빠,
겨울엔 바람이 세게 불면 실제 우리 몸이 느끼는 온도인 체감 온도가 떨어져 더 춥게 느껴져요. 이처럼 풍향과 풍속 정보는 날씨를 확인하는데 중요하다고 해요. 출근하시기 전에 풍향, 풍속 정보도 알고 나가세요!
(19쪽)

동생아!
눈이 하루 5cm 이상 내릴 것으로 예상되면 대설 주의보가 내려지고, 20cm 이상 내리면 대설 경보가 내려진대. 지난번에 눈이 많이 내리면 눈싸움하러 밖에 나가고 싶다고 했잖아. 대설 경보가 내리면 위험한 상황이니까 일기예보를 보고 나가자! (58쪽)

엄마,
미세먼지는 숨을 쉴 때마다 콧속에서 걸러지지 않고 바로 호흡기로 들어와 몸을 망가뜨리고 여러 질병을 일으킨대요. 또한 식물이 숨 쉬는 구멍인 기공도 막아 잘 자라지 못하게 하고요. 미세먼지가 심한 날에는 외출하지 말고 문을 꼭 닫고 있으면 좋을 것 같아요. (70쪽)

친구야,
미세먼지 많은 날은 외출 후 손, 콧속, 몸을 씻어야 한 대. 몸에 수분이 부족하면 호흡기가 약해진다고 하니 미세먼지가 많은 날에는 물도 자주 마셔야 한다더라. 너의 건강을 위해서 밖에서 놀 때는 물도 많이 마시길 바란다. (71쪽)

할머니,
강한 햇볕을 오래 쬐면 두통이나 어지럼증을 느끼고 땀도 많이 흘린대요. 이런 증상은 일사병일 수도 있대요. 할머니께서 답답하다고 밖에 오래 앉아 계시는 게 걱정이 됩니다. 햇빛이 심할 때는 집에 계셨으면 해요. (72쪽)

할아버지!
우리 몸이 추운 날씨를 견디지 못하면 체온이 35℃ 이하로 떨어지는데 이것을 저체온증이라고 한 대요. 저체온증에 걸리면 입술이 푸른색이 되고 심장이 불규칙하게 뛰며 혈압이 내려가서 의식을 잃을 수도 있대요. 할아버지께서는 평소 혈압이 좋지 않다고 하니 건강 조심하셔야 해요. (76쪽)

과학책 속 보석 찾기

책 제목 :

과학책을 읽고 내가 좋아하는 사람에게 꼭 전해주고 싶은 '보석 같은 정보'를 찾아 아래
보석에 간단히 써보세요.

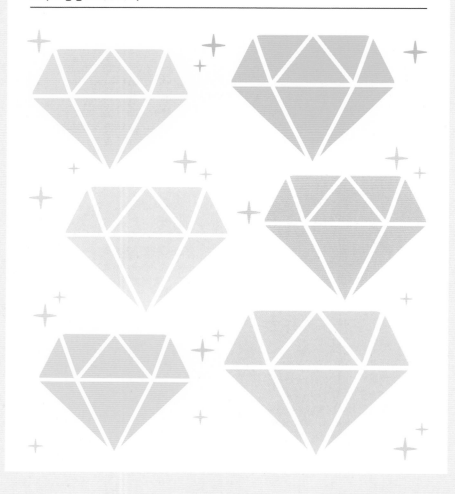

과학책 집중 탐색 독서

자신의 관심 주제에 맞는 책을 모아 탐색 독서를 마친 어린이는 자연스럽게 주도적 독서를 하게 됨은 물론 여러 영역의 도서를 읽을 수 있습니다. 어린이가 탐색 독서 중 흥미를 가지고 몰입해 읽는 책이 있다면 집중 독서를 시도해보는 게 좋습니다. 집중 독서를 하면 책을 조금 더 깊이 있게 읽을 수 있습니다.

● 3회 독서법

과학책은 이야기책과 달리 구성과 편집이 복잡합니다. 예를 들어 글은 이야기와 정보로 나뉘어 있고 그림과 사진이 함께 실리기도 합니다. 그림과 사진 옆에는 캡션이 있으며 그 외 여러 정보를 전달하는 요소가 책 곳곳을 메우고 있습니다. 폰트와 색도 매우 다양하게 사용되는 편입니다. 이런 여러 가지 요소를 한 번 읽을 때 모두 보기 어렵습니다. 어린이가 과학책의 첫 장부터 마지막 장까지 모두 보았다고 해도 위 요소 중 1~2개만 집중적으로 봤을 가능성이 높습니다. 그럴 때는 어떤 부분을 읽었는지 파악한 뒤 읽지 않은 부분을 마저 읽게 가이드를 주는 3회 독서법을 해야 합니다. 다음의 독서법 중 하나를 택해 책을 읽어보기 바랍니다.

- 본문 글(이야기 글) 읽기 ➡ 정보 글(지식 글) 읽기 ➡ 그림과 사진, 캡션 읽기
- 정보 글(지식 글) 읽기 ➡ 본문 글(이야기 글) 읽기 ➡ 그림과 사진, 캡션 읽기
- 그림과 사진, 캡션 읽기 ➡ 정보 글(지식 글) 읽기 ➡ 본문 글(이야기 글) 읽기

● 견출지 독서법

과학책을 읽으며 생각을 정리해보는 견출지 독서법을 안내하겠습니다. 우리는 흔히 어린이들에게 책을 읽고 난 후 떠오르는 생각을 말하라고 합니다. 그런데 '생각'은 매우 광범위하고 추상적인 단어라서 어린이들은 어떻게 말해야 하는지 어려워합니다. 그럴 땐 구체적인 단어를 제시해주는 게 좋습니다. 생각을 말하는 것이 익숙하지 않은 어린이라면 더욱 그렇습니다. 아래는 과학책을 읽고 떠올릴 만한 7가지 표현입니다.

알고 있었어요	처음 알았어요	어려워요	관심 많아요
관심 없어요		신기해요	놀라워요

과학책은 과학적 원리를 기반으로 하여 사물과 세상의 이치를 설명하고 있습니다. 그래서 읽다보면 신기하고 놀라운 감정을 느낄 수 있고, 한편으로는 이미 알고 있는 내용과 처음 알게 된 내용을 구분하여 자신이 가진 정보를 확인할 수도 있습니다. 지식·정보책의 특성상 읽어도 이해가

안 되는 어려운 내용 또한 있을 수 있고요, 내용 중에는 자신의 관심사와 일치되는 부분과 아닌 부분도 있습니다.

이렇게 과학책을 읽으면서 생각할 수 있는 7가지 표현을 어떻게 활용하면 좋을까요? 시중에서 쉽게 구할 수 있는 견출지에 7가지 표현을 씁니다. 표현마다 색을 다르게 써서 표시하면 구분하기 좋겠지요.

우선 책은 재미있게 읽어야 하니 처음에는 어린이의 독서 방식대로 읽게 합니다. 그리고 7가지 표현 중 1가지 표현의 견출지를 주고 책을 다시 펼쳐보면서 해당 부분에 붙여보게 합니다. 이어서 원하는 표현의 견출지를 들고 같은 방식으로 해봅니다.

책을 여러 번 보면서 7가지 표현이 적힌 견출지를 모두 사용하면 좋겠지만 어린이가 힘들어 한다면 대표적으로 많이 떠올렸던 1가지 표현의 견출지만 책에 붙이게 합니다.

어떤 독서 활동이든 어린이가 책에 거부감이 들지 않게 상황을 보며 진행해야 합니다. 이점을 명심하며 견출지 독서를 함께 해보세요.

다음은 『보이지 않는 오염물질 미세먼지』(송은영 글, 송선범 그림 | 주니

어김영사) 책의 21쪽을 읽으면서 견출지를 붙여본 것입니다.

같은 색의 펜으로 밑줄을 그으며 견출지를 붙여보았습니다. 저는 어른 독자에게도 이 방법을 권하고 싶습니다. 딱 1쪽만 해보아도 '알고 있던 내용인가?', '그럼 내가 이걸 어디서 들었더라?'라며 끊임없이 생각하게 만들어 독서 효과를 높일 수 있습니다. 책 1권을 다 하기 어렵다면 1꼭지부터 시작해보세요. 익숙해지면 한 단원, 책 1권까지 견출지 독서법을 적용할 수 있습니다.

● **형광펜 독서법**

견출지 독서법에 익숙해졌다면 형광펜 독서법을 시작해보겠습니다. 형광펜 독서법을 시도하기 전에 견출지 독서법을 먼저 하는 이유는 견출지를 붙이는 놀이를 통해 '독서는 재미있다, 즐겁다'라는 인식을 심어주기 위해서입니다.

견출지 독서법이 익숙해졌거나 책 읽기를 좋아하는 어린이에게는 형광펜 독서법을 먼저 시도해도 됩니다.

형광펜 독서법은 견출지 독서법과 비슷한 방법으로 진행합니다. 견출지 대신 형광펜을 사용한다는 게 차이점이지요. 우선 7가지 색상의 형광펜에 7가지 표현을 각각 적어둡니다. 책을 한 번 읽은 뒤 7가지 표현을 적은 형광펜 중 1개만 골라잡고 글을 다시 읽으며 표시를 합니다.

형광펜 독서를 할 때는 어린이에게 7가지 표현이 배경지식 유무, 난이도, 관심 여부, 감상 4가지로 구분한 것임을 알려주세요. 그래야 형광펜을 사용하면서도 스스로 어떤 것을 체크하는지 인지할 수 있어 지식, 생각, 감상을 정리할 수 있습니다.

알고 있었어요	배경지식 유무
처음 알았어요	
어려워요	난이도
관심 많아요	관심 여부
관심 없어요	
신기해요	감상
놀라워요	

어떤 형광펜부터 사용하고 싶은지 스스로 선택하게 하는 것이 좋습니다. 책을 읽으며 아는 것과 모르는 것을 먼저 구분하고 싶은 어린이도 있고 신기하거나 놀라웠던 내용부터 찾고 싶은 어린이도 있을 거예요. 7가지 모두 사용해보면 좋겠지만 책의 특성에 따라 가능하지 않을 수 있으니 상황에 맞게 활용해주세요.

『보이지 않는 오염물질 미세먼지』(송은영 글, 송선범 그림 | 주니어김영사) 42~43쪽의 내용을 예시로 형광펜 독서를 해보았습니다. 먼저 배경지식 유무에 해당하는 '처음 알았어요'를 표시해보았습니다. 형광펜 색만 보아도 어떤 부분을 새로 알게 된 것인지 알 수 있습니다. 그 후 감상 부분에 해당하는 '놀라워요'를 밑줄 긋기로 표시해보았습니다. 만약 이미 다른 형광펜으로 칠해진 부분을 중복으로 표시해야 한다면 이처럼 밑줄을 긋는 방식으로 진행합니다. 관심 여부에 해당하는 '관심 없어요' 역시 다른 펜과 겹쳐서 밑줄 긋기를 해보았습니다.

 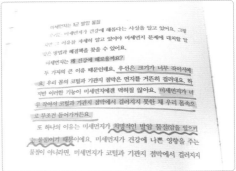

형광펜 독서 후에 책을 보면 위 사진처럼 책에 담긴 지식이 기준에 따라 시각화되어 있는 것을 알 수 있습니다. 익숙해지면 나중에는 형광펜이

없어도 생각하며 책을 읽을 수 있습니다. 유의할 점은 책 읽는 기쁨을 방해받지 않으며 공부하는 느낌도 들지 않는 선에서 진행해야 합니다. 이 점만 지켜진다면 1권을 읽어도 제대로, 재미있게 읽는 과학책 읽기가 됩니다.

과학책 읽고 정리하기

과학책을 읽은 후에는 간략하게라도 글로 정리를 하는 것이 좋습니다. 그래야 대충 읽는 것을 방지하고, 아는 듯한 느낌으로만 마치는 독서를 막을 수 있습니다. 단계별로 정리하는 2가지 방법을 안내합니다.

● **[1단계] 나만의 과학 수첩 만들기**

견출지 독서나 형광펜 독서를 한 뒤 내용을 정리할 수 있는 과학 수첩을 만들어보겠습니다. 일단 작은 노트나 수첩을 준비해주세요. 쓰기 부담을 줄여야 하므로 최대한 작은 것이 좋습니다. 그다음 왼쪽 페이지에 형광펜 독서를 하면서 '처음 알았어요' 표시를 한 문장을 그대로 옮겨 써주세요. 문장을 그대로 옮기는 이유는 작가가 전하는 지식을 잘못 읽지 않고 정확히 이해해야 하기 때문입니다. 정확히 이해해야 나의 지식이 되고, 나의 지식이 되었을 때 비로소 나의 언어로 풀어낼 수 있습니다. 그 후에야 과학 독후감 같은 긴 글쓰기도 할 수 있고요.

그 후 오른쪽 페이지에는 왼쪽에 쓴 처음 알게 된 내용에 대한 소감이나 의견, 하고 싶은 말 등을 자유롭게 쓰게 해주세요. 다음 페이지도 같은 방식으로 정리해주세요. 이렇게 완성된 수첩은 나만의 과학 수첩, 미니백과사전이 됩니다.

『보이지 않는 오염물질 미세먼지』(송은영 글, 송선범 그림 | 주니어김영사)의 42~43쪽에 있는 내용을 과학 수첩에 적어보았습니다. 익숙해지면 수첩의 왼쪽에 '처음 알았어요' 뿐 아니라 견출지 독서, 형광펜 독서를 할 때 사용한 나머지 6가지 표현에 해당하는 내용을 써주어도 좋습니다.

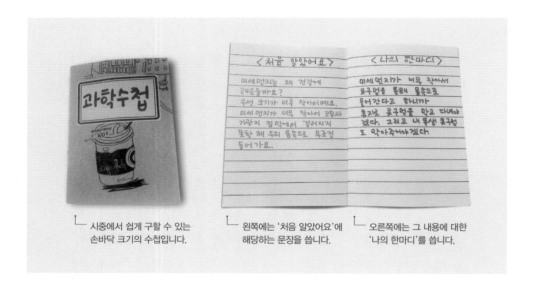

└ 시중에서 쉽게 구할 수 있는
손바닥 크기의 수첩입니다.

└ 왼쪽에는 '처음 알았어요'에
해당하는 문장을 씁니다.

└ 오른쪽에는 그 내용에 대한
'나의 한마디'를 씁니다.

● **[2단계] 나만의 과학 독서 노트 정리하기**

다음 단계입니다. 수첩에 과학 지식을 정리하는 것이 익숙해졌다면 이번에는 조금 더 길게 써보겠습니다. 다음과 같은 서식을 A5 정도의 종이에 정리해보는 것인데요, 과학 수첩과 가장 크게 다른 점은 '자신의 언어'로 풀어 써야 한다는 것입니다. 활동 방법을 참고하여 즐겁게 해보세요.

✪ 활동 방법

1. 견출지나 형광펜으로 표시한 내용 중에 1개를 골라 나의 언어로 다시 써봅니다.
2. 그 내용이 7가지 표현 중 어디에 해당하는지 표시합니다(중복 표시 가능).
3. 적은 내용에 대한 의견이나 소감을 '나의 한마디'에 씁니다.

✪ 활동 목적

1. 책의 문장을 그대로 옮기지 않고 자신의 언어로 풀어내는 과정에서 글쓰기 실력이 향상됩니다.
2. '나의 한마디'를 쓰면 과학적 사실을 정리한 것에서 그치지 않고 간단히 감상을 정리할 수 있습니다.

✪ 참고 사항

1. 과학 노트 1페이지에는 '1개의 내용'만 씁니다. 예를 들어 책에 '신기해요' 표시를 한 부분이 여러 곳이라 해도 1개씩 써야 지식을 정리할 수 있습니다.
2. 처음에는 과학 노트를 1페이지만 써보고 익숙해지면 과학책 1권을 읽은 뒤 과학 노트를 3~4페이지 이상 써봅니다.

과학 독서 노트

책 제목	
몇 페이지에 나온 내용인가요?	

□ 알고 있었어요   □ 처음 알았어요   □ 어려워요   □ 관심 많아요
□ 관심없어요   □ **신기해요**   □ 놀라워요

😊 **나의 한마디**

쏙쏙 골라 읽는 과학책
135권&독서 기록장 쓰기

과학책을 좋아하는 어린이라면 관심 분야가 뚜렷하기 때문에 현재 읽고 있는 방향대로 쭉 읽어나가면 됩니다. 그렇지 않은 어린이라면 재미있게 읽을 수 있는 책부터 읽도록 도와주어야 합니다. 다음 페이지에 어린이들과 책을 읽으면서 파악한 비교적 쉽고 재미있게 접하는 과학 분야를 순서대로 나열해보았습니다.

과학 동화는 스토리이기 때문에 비교적 쉽게 볼 수 있는 책입니다. 그 다음으로 과학자를 다룬 책을 권하는 경우도 있으나 어린이 중 일부는 과학 인물책을 어렵게 생각하기도 합니다. 그래서 어린이들이 친근하게 느끼는 동물, 식물, 생물, 우리 몸 순으로 읽으면 좋습니다. 생활과 밀접한 날씨와 바이러스 도서 또한 상황적 관심에 따라 읽기 좋은 책입니다. 어린이도 어른도 우리 주변 일과 밀접한 내용의 책은 처음 접하더라도 흥미롭게 읽을 수 있습니다. 마지막으로 과학 중에서도 어려운 지구과학, 물리, 환경, 화학, 과학자 순으로 정리해보았습니다.

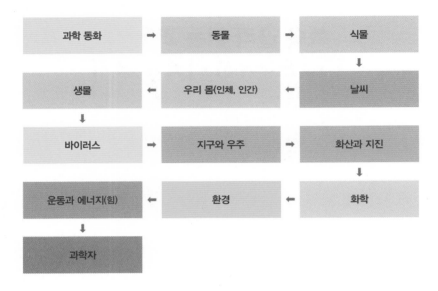

● 과학책 두루 살펴보기

과학책을 읽기 전에 과학에 대해 생각해보는 것은 참 중요합니다. '과학'이라는 단어는 매우 포괄적이고 광범위하여 과학책을 읽자고 하면 막연하게 느낄 수 있기 때문입니다. 그래서 과학을 세분화해서 어떤 것이 있는지 먼저 알려주고 이야기를 나누면 친근하게 느낄 수 있습니다.

✪ 활동 방법

1. 과학책의 종류를 보고 읽고 싶은 흥미에 따라 1~5개의 별점을 매겨봅니다.
2. 과학책의 종류를 보고 해당 분야에 대해 알고 있는 것을 써봅니다.
3. 해당 분야에 대해 궁금한 것을 써봅니다.

✪ 활동 목적

1. 과학책의 종류가 다양하다는 것을 알 수 있습니다.

2. 과학책에 호기심을 느끼게 하거나 책을 읽고 싶다는 동기부여를 줍니다.

✪ 참고 사항

1. 과학책을 읽기 전 어떤 내용일지 생각해보는 활동이므로 가볍고 즐겁게 해야

   합니다.

과학 분야	기대별점	알고 있는 것	궁금한 것
과학 동화			
동물			
식물			
생물			
우리 몸(인체, 인간)			
날씨			
바이러스			
지구와 우주			
화산과 지진			
운동과 에너지(힘)			
환경			
화학			
과학자			

● 과학책 목록 보는 법

어린이들이 13가지 과학 분야의 책을 골고루 읽을 수 있게 각 분야의 책을 10~15권 정도 추려 목록으로 만들었습니다.

동물				
긴긴 겨울잠에 폭 빠진 동물들 (개암나무) →	우리 집에 배추흰나비가 살아요 (살림어린이) →	똥장군 토룡이 실종사건 (와이즈만북스) →	STOP! 1~5 (비룡소) →	신통방통 플러스 동물 이야기 (좋은책어린이)
상 중 하	상 중 하	상 중 하	상 중 하	상 중 하
동물은 나의 선생님 (마음이음) →	결코 가볍지 않은 동물환경 보고서 (풀과바람) →	제인 구달 아줌마네 동물 공원 (주니어김영사) →	지켜라! 멸종 위기의 동식물 (뭉치) →	생명, 알면 사랑하게 되지요 (더큰아이)
상 중 하	상 중 하	상 중 하	상 중 하	상 중 하

목록에는 오른쪽을 가리키는 화살표가 있습니다. 이 화살표는 난이도를 표현하기 위해 넣은 기호입니다.

첫 번째 줄에 있는 도서들은 저학년(초등학교 1~2학년)과 중학년(초등학교 3~4학년) 정도 수준의 목록입니다. 두 번째 줄은 중학년(초등학교 3~4학년)과 고학년(초등학교 5~6학년) 수준입니다. 지식책은 배경지식을 갖추고 읽는 게 좋기 때문에 모르는 분야의 책을 읽는다면 가장 처음에 있는 책부터 보는 것이 좋습니다. 다만 어린이 독자들이 난이도로만 책을 고르지는 않기 때문에 마음대로 골라 읽는다면 그냥 두어도 됩니다. 61쪽에 소개한 과학책 탐색 독서를 시도할 때 이 목록을 참고하셔도 좋고요.

노란색으로 표시한 책은 그림책입니다. 과학 그림책은 학년에 구애받

지 않고 심미적인 것을 추구하거나 그림의 도움으로 내용을 이해하는 어린
이들이 보면 좋습니다.

'상·중·하'는 어린이들이 과학책을 읽고 그 책의 난이도를 체크하는
것입니다. 책의 내용을 이해하기 매우 어려우면 '상', 책의 내용을 어느 정
도 이해할 수 있으면 '중', 책의 내용을 완벽히 이해할 수 있으면 '하'에 동
그라미를 그려 표시합니다. 어린이가 표시한 난이도를 보면 다음에 어떤
책을 읽어야 하는지 가늠할 수 있습니다.

● 과학책 독서 기록장 쓰는 방법

마지막으로 과학책 독서 기록장 쓰는 방법을 안내하겠습니다. 책에
나오는 과학 용어를 5개 찾아 기록장에 쓰면서 핵심 내용을 기억합니다.
책을 읽고 새롭게 알게 된 과학 지식을 1가지 씁니다. 놀랍거나 신기했던
내용도 씁니다. 과학책을 읽고 나면 직접 확인해보고 싶은 것이 있을 수 있
으니 이런 내용도 쓰고요. 재미있게 읽었지만 이해되지 않는 내용이 있다
면 책 속의 문장 그대로 씁니다. '한 줄 댓글'에는 책을 읽고 하고 싶은 말
이나 의견 등 한마디를 남겨줍니다. 5가지 중 쓰고 싶은 것을 골라 써도 되
고 5가지 모두 써도 됩니다.

과학책 독서 기록장

기억하는 책 읽기 ★ 생각하며 읽기 ★ 과학과 소통하기

읽은 날	책 제목	지은이	과학 용어 쓰기(5개 이상)
월 일			
☺ 한 줄 댓글			

읽은 날	책 제목	지은이	새로 알게 된 과학 지식
월 일			
☺ 한 줄 댓글			

읽은 날	책 제목	지은이	놀랍거나 신기했던 내용
월 일			
☺ 한 줄 댓글			

읽은 날	책 제목	지은이	책 내용 중 해보고 싶은 것
월 일			
☺ 한 줄 댓글			

읽은 날	책 제목	지은이	읽었지만 이해되지 않는 내용 (책 속 문장 그대로 쓰기)
월 일			
☺ 한 줄 댓글			

쏙쏙 골라 읽는 과학책 135권

상 : 어려워요   중 : 보통이에요   하 : 쉬워요

과학 동화

물의 여행 (비룡소) ➡ 상 중 하	라이카는 말했다 (느림보) 상 중 하	늑대 왕 로보 (청어람주니어) ➡ 상 중 하	달에 맨 처음 오줌 눈 사나이 (담푸스) ➡ 상 중 하	별이 된 라이카 (한솔수북) 상 중 하
생쥐들의 뉴턴 사수 작전 (한솔수북) ➡ 상 중 하	엄마 이름은 T-165 (미래아이) ➡ 상 중 하	씨앗을 지키는 사람들 (창비) ➡ 상 중 하	지엠오 아이 (창비) ➡ 상 중 하	열세 번째 아이 (문학동네) 상 중 하
담임 선생님은 AI (창비) 상 중 하	빨간 내복의 초능력자 시즌 1~2 (와이즈만북스) ➡ 상 중 하	*컬러보이 (비룡소) ➡ 상 중 하	로봇의 별 1~3 (푸른숲주니어) ➡ 상 중 하	스티븐 호킹의 우주 과학 동화 세트 (주니어RHK) 상 중 하

동물

긴긴 겨울잠에 폭 빠진 동물들 (개암나무) ➡ 상 중 하	*우리 집에 배추흰 나비가 살아요 (살림어린이) ➡ 상 중 하	똥장군 토룡이 실종 사건 (와이즈만북스) ➡ 상 중 하	STOP! 1~5 (비룡소) ➡ 상 중 하	신통방통 플러스 동물 이야기 (좋은책어린이) 상 중 하
동물은 나의 선생님 (마음이음) ➡ 상 중 하	결코 가볍지 않은 동물 환경 보고서 (풀과바람) ➡ 상 중 하	제인 구달 아줌마네 동물 공원 (주니어김영사) ➡ 상 중 하	지켜라! 멸종 위기의 동식물 (뭉치) ➡ 상 중 하	생명, 알면 사랑하게 되지요 (더큰아이) 상 중 하

식물

우리는 당신에 대해 조금 알고 있습니다 (문학동네) ➡ 상 중 하	선인장 호텔 (마루벌) ➡ 상 중 하	식물은 떡잎부터 다르다고요?! (현암사) ➡ 상 중 하	내 친구 파리지옥 (느림보) ➡ 상 중 하	WHAT 왓? 식물 (왓스쿨) 상 중 하
꽃: 산에 들에 피어요 (주니어김영사) ➡ 상 중 하	반려식물 키우기 (상상의집) ➡ 상 중 하	광합성 소년 (책과콩나무) ➡ 상 중 하	식물로 세상에서 살아남기 (풀과바람) ➡ 상 중 하	파브르 식물 이야기 1~2 (사계절) 상 중 하

생물

땅속 생물 이야기 (진선북스)	생물아 생물아 나 좀 도와줘 (삼성당)	동물이야? 식물이야? (찰리북)	지구에서 절대로 사라지면 안 될 다섯 가지 생물 (풀과바람)	꼬마 과학자를 위한 생물학교 (상상스쿨)
상 중 하	상 중 하	상 중 하	상 중 하	상 중 하
생물의 방어에 숨은 비밀 (리젬)	작은 생물 이야기 (미래아이)	용선생의 시끌벅적 과학교실 9: 생물의 적응 (사회평론)	용선생의 시끌벅적 과학교실 1: 생태계 (사회평론)	생물의 다양성 (생각비행)
상 중 하	상 중 하	상 중 하	상 중 하	상 중 하

우리 몸(인체, 인간)

내 몸의 다섯 탐정 (여원미디어)	도와줘요, 아리송송 박사님! (스콜라)	살아 있는 뼈 (미래엔아이세움)	WHAT 왓? 맛있게 먹은 음식은 어떻게 똥이 될까? (왓스쿨)	뿐뿐 캐릭터 도감: 인체 (다산어린이)
상 중 하	상 중 하	상 중 하	상 중 하	상 중 하
WHAT 왓? 세포 (왓스쿨)	*몸이 보내는 신호, 잠 (주니어김영사)	가슴이 콩닥콩닥 성과 사춘기 (아르볼)	*기묘한 DNA 도서관 (북스마니아)	똑똑한 우리 몸 설명서 (살림어린이)
상 중 하	상 중 하	상 중 하	상 중 하	상 중 하

날씨

구름을 뚫고 나간 돼지 (내인생의책)	기후변화에 관심 을 가져야 하는 12가지 이유 (단비어린이)	WHAT 왓? 날씨 (왓스쿨)	날씨 나라 우산 가족의 나들이 (밝은미래)	구름 박사님~ 날씨 일기 쓰세요? (봄나무)
상 중 하	상 중 하	상 중 하	상 중 하	상 중 하
날씨가 이상해요 (다림)	두 얼굴의 하늘 날씨와 재해 (아르볼)	똑똑 융합과학씨, 날씨를 느껴요 (위즈덤하우스)	용선생의 시끌벅적 과학교실 7: 습도와 구름 (사회평론)	도대체 날씨가 왜 이래? (아롬주니어)
상 중 하	상 중 하	상 중 하	상 중 하	상 중 하

바이러스

바이러스 빌리 (위즈덤하우스)	생글생글 바이러스 (책과콩나무)	바이러스를 막아라 (별숲)	미래가 온다, 바이러스 (와이즈만북스)	미생물은 힘이 세! 세균과 바이러스 (아르볼)
상 중 하	상 중 하	상 중 하	상 중 하	상 중 하

세상을 바꾼 바이러스 (청년사) 상 중 하	➡ 비상! 바이러스의 습격 (다림) 상 중 하	➡ 사람들의 생명을 위협하는 전염병 이야기 (가문비) 상 중 하	➡ 재미있는 미생물과 감염병 이야기 (가나출판사) 상 중 하	➡ 세상을 바꾼 전염병의 역사 (봄나무) 상 중 하

지구와 우주

나의 집은 우주시 태양계구 지구로 (풀빛) 상 중 하	➡ 신비하고 아름다운 우주 (노란돼지) 상 중 하	➡ 우주는 어떻게 시작되었나 (다산기획) 상 중 하	➡ WHAT 왓? 우주 (왓스쿨) 상 중 하	➡ WHAT 왓? 지구와 달 (왓스쿨) 상 중 하
우주가 내게로 왔어요 (청어람미디어) 상 중 하	➡ 용선생의 시끌벅적 과학교실 3: 지구와 달 (사회평론) 상 중 하	➡ 지구는 오늘도 바빠요! (토토북) 상 중 하	➡ 지구의 주인 흙 (주니어김영사) 상 중 하	➡ 지구와 달 (성우주니어) 상 중 하

화산과 지진

부글부글 끓다가 펑 터진 화산 (개암나무) 상 중 하	➡ 흔들흔들 뒤흔드는 지진 (개암나무) 상 중 하	➡ 화산은 너무 급해 (예림당) 상 중 하	➡ WHAT 왓? 화석과 지층 (왓스쿨) 상 중 하	➡ 오늘도 흔들흔들 지진 연구소 (풀과바람) 상 중 하
화산 (웅진주니어) 상 중 하	➡ 쩍 벌어지는 지진이야기 (반디) 상 중 하	➡ 대피해! 대피해! 지진과 안전 (아르볼) 상 중 하	➡ 화산과 지진 (웅진주니어) 상 중 하	➡ 지구를 깨우는 화산과 지진 (아이앤북) 상 중 하

운동과 에너지(힘)

왜 땅으로 떨어질까? (웅진주니어) 상 중 하	➡ 자석 총각 끌리스 (해와나무) 상 중 하	➡ 농구 스타가 된 이사벨라 (을파소) 상 중 하	➡ WHAT 왓? 핵과 원자력 (왓스쿨) 상 중 하	➡ 별난 과학 물리 이야기 (그린북) 상 중 하
세상을 움직이는 힘 에너지 (토토북) 상 중 하	➡ 용선생의 시끌벅적 과학교실 10: 힘 (사회평론) 상 중 하	➡ 원자력이 궁금해요 (상수리) 상 중 하	➡ *손에 잡히는 과학 교과서 9: 힘 (길벗스쿨) 상 중 하	➡ 두 얼굴의 에너지, 원자력 (길벗스쿨) 상 중 하

환경

*물과 숲과 공기 (마루벌)	우주 쓰레기 (와이즈만북스)	지구를 구한 꿈틀이사우루스 (현암사)	쓰레기 반장과 지렁이 박사 (키위북스)	숨 쉬는 도시 꾸리찌바 (파란자전거)
상 중 하	상 중 하	상 중 하	상 중 하	상 중 하
푸른 지구를 만들어요 (문학동네)	착한 옷을 입어요 (위즈덤하우스)	지구가 큰일났어요! (뜨인돌어린이)	쓸모 있는 자원 쓰레기 (주니어김영사)	*어린이를 위한 불편한 진실 (주니어중앙)
상 중 하	상 중 하	상 중 하	상 중 하	상 중 하

화학

단단하고 흐르고 날아다니고 (웅진주니어)	화학이 정말 우리 세상을 바꿨다고? (찰리북)	화학아 화학아 나 좀 도와줘 (삼성당)	WHAT 왓? 물질의 혼합과 산과 염기 (왓스쿨)	나한테 화학이 쏟아져! (토토북)
상 중 하	상 중 하	상 중 하	상 중 하	상 중 하
용선생의 시끌벅적 과학교실 4: 산화와 환원 (사회평론)	돼지 삼총사 보글 보글 화학 레시피 (다림)	화학아, 친하게 지내자! (풀과바람)	노벨 아저씨네 미스터리 팡팡센터 (주니어김영사)	화학 원소 아파트 (미래엔아이세움)
상 중 하	상 중 하	상 중 하	상 중 하	상 중 하

과학자

어린 식물 박사 (봄나무)	별을 보는 아이 (함께자람)	칼 세이건 (두레아이들)	호기심 덩어리 천재 과학자들 (애플트리태일즈)	에디슨 (기댄돌 /아리샘주니어)
상 중 하	상 중 하	상 중 하	상 중 하	상 중 하
마리 퀴리: 두 차례나 노벨상을 받은 여성 과학자 (효리원)	우장춘: 씨 없는 수박을 만들어 낸 세계적인 육종학자 (효리원)	아인슈타인과 신기한 타임머신 (청어람미디어)	호킹과 신비한 블랙홀 (청어람미디어)	우리는 사고뭉치 꼬마 과학자 (그레이트북스)
상 중 하	상 중 하	상 중 하	상 중 하	상 중 하

PART

03

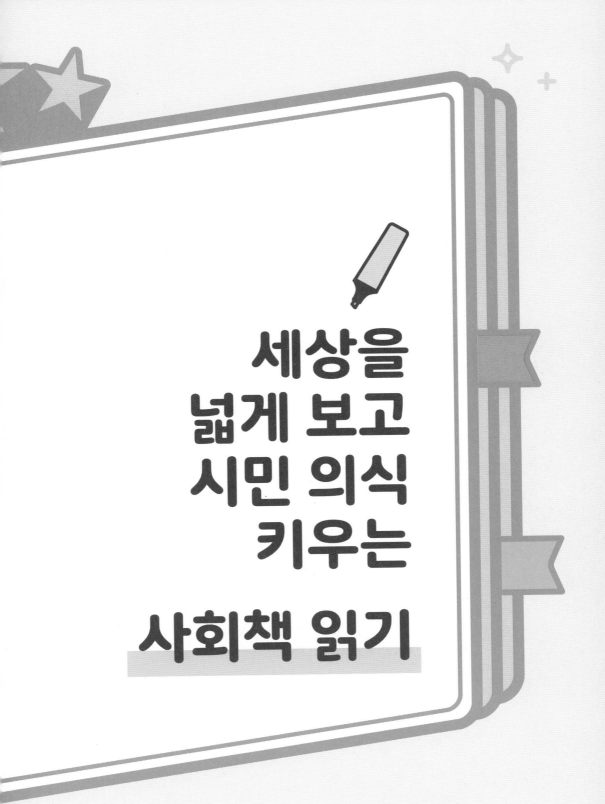

세상을
넓게 보고
시민 의식
키우는

사회책 읽기

사회책을 읽는 이유

아홉 살에 저를 만나 2년 넘게 매주 책 이야기를 나누고 있는 지윤이는 지각하는 날이 많습니다. 아이는 횡단보도 하나 건너면 있는, 5분도 채 걸리지 않는 곳에 살지만 주변을 살피느라 자주 멈춰 선다고 합니다. 어느 날은 고장 난 신호등이 염려되어 고치는 걸 다 보고 오느라 늦었다고 했습니다. 신호등이 고장 나면 많은 사람이 불편할 거라 걱정이 되었다면서요.

독서 교실에 도착해서는 부지런히 눈과 마음, 손끝에 담고 온 것들을 풀어내느라 바쁩니다. 수업하느라 하늘 한 번 보지 못하는 날이 많은 저는 지윤이 덕에 세상 이야기를 살짝 엿들을 수 있어 참으로 행복합니다.

지윤이는 주변 사물과 사람에 관심이 많아서 타인을 보는 시선이 넓고 깊습니다. 잘 드러나지 않은 문학 속 인물에게 애틋함을 느낄 때가 많고 독서 교실 같은 반 친구가 결석이라도 하면 혹시 집에 무슨 일이 생긴 것은 아닌지 걱정을 합니다. 어느 날은 책상에 두고 간 친구의 책을 발견하고는 냉큼 책을 들고 맨발로 뛰어나갔습니다. 말릴 새도 없이 벌어진 일이라 당황한 저는 책을 전해주고 오는 지윤이에게 "선생님이 전화하면 되는데 맨발로 뛰어 나가서 놀랐어!"라고 이야기했다가 이내 후회와 반성을 동시에 했습니다. 자기도 모르게 한 행동인데 그게 놀랄 일인지 묻더니 한술 더 떠 저를 걱정해주었거든요. "제가 맨발로 나가서 놀라셨죠? 걱정하지 마세요. 발은 닦으면 되니까요."

● 사회, 우리가 존재하는 바로 이곳

사람이 둘 이상 모이면 사회라 부릅니다. 태어나면 가장 먼저 가정이라는 사회를 만나 부모님과 일상을 공유하며 살아가고 시간이 흐르면 어린이집, 유치원, 학교로 범위를 넓혀가 타인과 관계를 맺으며 생활합니다. 어린이들이 사는 동네, 속한 국가, 부모님을 따라서 가본 마트나 시장 모두 사회이기에 누구나 태어나면서 자연스럽게 사회에 속해 살게 되지요.

어린이들에게 사회가 무엇일까 물어보면 대부분 재미없고 지루한 과목 중의 하나라고 답합니다. 어려운 말도 많고 외울 것도 많다는 이유 때문이지요. 그래서 저는 어린이들과 사회책을 읽을 때마다 사회는 우리가 존재하는 바로 이곳, 우리가 매일 경험하는 주변 모든 것이 사회라고 말해줍니다.

● 사회책을 읽으며 알아가는 사회

생태 도시로 유명한 브라질의 꾸리지바 이야기를 담은 『숨 쉬는 도시 꾸리찌바』(안순혜 글, 박혜선 그림 | 파란자전거)를 읽은 날, 열 살 하성이는 1권의 책으로 그 먼 곳의 이야기를 알 수 있고 또 감명을 받을 수 있다는 사실에 놀라워했습니다. 언젠가는 반드시 그 도시를 가보겠다며 도착하면

무엇부터 보고 싶은지 계획까지 세웠지요.

경쟁 사회에 태어나 살다보면 자기 일과 공부에만 집중하기 쉽습니다. 자신의 안위만 염려하기도 하고요. 그러나 우리가 사는 이 사회는 모두 연결되어 있기 때문에 지구 반대편에서 일어나는 일이 곧 우리의 일이 될 수도 있습니다.

정치, 경제, 역사, 지리, 문화, 인권, 환경, 법 등 사회의 영역이 제법 넓지만 다행히도 우리 곁에는 이 모든 것을 잘 담아 보여주는 사회책이 있습니다. 함께 읽고 나누며 어린이가 속한 작은 공동체를 인식하는 것은 물론 국가와 세계로까지 시선을 확장할 수 있게 돕는 어른이 많아졌으면 좋겠습니다.

나와 관련된
사회책 찾기

어린이들, 특히 저학년은 '나'와 '나의 욕구'에 관심을 많이 두는 편이라서 '나'와 관련이 없는 책에 큰 관심을 보이지 않지만 이는 매우 자연스러운 현상입니다. 이 시기에는 '나'를 사랑하고 바르게 인식해야 '나'에서 '외부'로 관심을 넓힐 에너지도 생깁니다.

그런데 '나'의 영역 안에는 가족, 친구, 이웃도 들어와 있습니다. 혼자 살 수 있는 사람은 없으니까요. 결국 나를 이해하려면 가족, 친구, 이웃을 말하는 책도 읽어야 합니다. 이런 책을 함께 읽으며 나를 둘러싼 이들을 존중하고 소중히 대했을 때 나의 존재 가치도 빛난다는 것을 알려주세요.

● 나를 말하는 책

저학년

나는 나의 주인
(토토북)

이게 정말 나일까?
(주니어김영사)

민들레는 민들레
(이야기꽃)

동의: 너와 나 사이
무엇보다 중요한 것!
(아울북)

만희네 집
(길벗어린이)

나의 동네
(보림)

　나를 소중히 여기며 나 자신을 잘 키울 수 있는 사람은 그 누구도 아
닌 나라는 사실을 알려주는 그림책 『나는 나의 주인』(채인선 글, 안은진 그
림 | 토토북)은 어린이들에게 나를 인식하고 건강한 자아상을 심어줄 첫 책
으로 선택하면 좋습니다. 『이게 정말 나일까?』(요시타케 신스케 글그림 | 주
니어김영사)는 나에 대해 조금 더 깊이 생각하고 탐구할 수 있는 책입니다.
이 책을 읽은 열한 살 수정이는 나를 사랑하는 방법 중 하나는 '내가 성장
하는 것을 나 스스로 잘 보는 것'이라고 말해 저를 겸허하게 만들었습니다.

나를 있는 그대로 인정하고 사랑할 수 있도록 돕는 『민들레는 민들레』(김장성 글, 오현경 그림 | 이야기꽃)는 삽화와 글이 시처럼 아름다워 읽다보면 어느새 눈가가 촉촉해지는 책입니다. 나의 신체 결정권과 상호 존중에 대해 인식의 장을 넓혀줄 수 있는 『동의: 너와 나 사이 무엇보다 중요한 것!』(레이첼 브라이언 글 | 아울북)도 함께 읽어보면 좋습니다. 어른들의 어린 시절이 떠오르는 『만희네 집』(권윤덕 글그림 | 길벗어린이)과 『나의 동네』(이미나 글그림 | 보림)도 함께 읽어보면 나눌 이야기가 많을 것입니다.

● **가족을 말하는 책**

저학년

가족은 꼬옥
안아주는 거야
(웅진주니어)

우리 가족입니다
(보림)

가족의 가족을
뭐라고 부르지?
(미세기)

　　가족은 태어나는 순간 맞이하는 가장 첫 번째 사회이기에 중요할 수밖에 없습니다.
　　『가족은 꼬옥 안아주는 거야』(박윤경 글, 김이랑 그림 | 웅진주니어)는 제

목 그대로 가족의 소중함과 의미를 알게 하는 그림책입니다. 가족의 또 다른 의미를 생각해볼 수 있는 『우리 가족입니다』(이혜란 글그림 | 보림)는 어느 날 치매에 걸린 할머니와 함께 살게 된 아이의 이야기를 그리고 있습니다. 할머니를 돌보는 가족의 모습을 보면서 어린이들과 이야기를 나누면 좋을 책입니다. 『가족의 가족을 뭐라고 부르지?』(채인선 글, 배현주 그림 | 미세기)는 가족 호칭을 알려주는 사회 지식책입니다. 정보량이 상당하여 한 번 쓱 보고 넘어갈 책이 아니며, 고학년 교양 도서로 분류되기도 했습니다. 그럼에도 저학년 어린이와 살펴볼 수 있는 부분은 살펴보면서 우리 가족의 호칭은 물론 가족 관계를 짚어보아도 좋습니다. 외할아버지, 친할머니를 헷갈려 하던 아홉 살 지성이는 이 책을 읽고 나서 한참 되뇌이더니 정확히 알게 되었다고 했습니다.

● **친구를 말하는 책**

저학년

달라도 친구
(웅진주니어)

뒷집 준범이
(보림)

방귀차
(웅진주니어)

나라는 다르지만
모두 친구가 될 수 있어!
(팜파스)

어린이들의 첫 사회생활은 어린이집, 유치원일 것입니다. 이곳에서 친구들을 만나 인간관계를 배우고 초등학생이 되면 조금 더 많은 친구와 관계를 맺게 됩니다. '나'가 소중하듯 '친구' 또한 소중하다는 것을 알기 위해 『달라도 친구』(허은미 글, 정현지 그림 | 웅진주니어)를 권합니다. 다름을 인정해야 한다는 말은 누구나 하지만 다름으로 인한 문제 상황을 직접 겪어보면 생각보다 인정한다는 게 쉽지 않음을 우리는 알고 있습니다. 이 책을 읽은 아홉 살 서진이는 친구가 없으면 외롭기 때문에 친구는 꼭 있어야 한다고 했습니다. 책을 읽고 독서 교실 모둠 친구들의 장점 찾기와 더불어 모둠 친구들에게 하고 싶은 말을 써주는 롤링페이퍼 활동을 하며 성향이 다른 친구에게도 마음을 열었습니다.

낯선 곳에 이사 와 친구들과 어울리는 과정을 그린 『뒷집 준범이』(이혜란 글그림 | 보림), 피부색이 달라 친구들과 함께하지 못해 동네에 소독차가 올 때만 나와 놀던 작가의 자전적 이야기를 담은 『방귀차』(김준철 글그림 | 웅진주니어), 다문화 친구들과의 공존을 생각해보게 하는 『나라는 다르지만 모두 친구가 될 수 있어!』(최형미·이향 글, 박연옥 그림 | 팜파스)는 '친구'란 무엇인지 진지하게 고찰해볼 수 있게 하는 책들입니다.

● **이웃을 말하는 책**

집을 나가면 마주하는 사람들이 바로 우리 이웃이며 모두 존중받아야 할 우리 사회의 구성원입니다. 그러나 갈등의 씨앗이 되기 쉬운 존재이기에 우리는 서로 이해하고자 노력해야 합니다. 서로의 차이 때문에 싸움을 벌이는 두 이웃 토끼의 이야기를 담은 책 『이웃 사촌』(클로드 부종 글그림 | 주니어파랑새)은 이웃 간의 다툼에 대해 생각해보기 좋은 책입니다. 『아파

이웃 사촌
(주니어파랑새)

아파트
(상상의집)

이웃의 이웃에는
누가 살지?
(미세기)

이웃집에는
어떤 가족이 살까?
(위즈덤하우스)

우리 동네 슈퍼맨
(창비)

밤을 지키는 사람들
(창비)

누가 집을 지을까?
(창비)

찬다 삼촌
(느림보)

내가 라면을
먹을 때
(고래이야기)

거짓말 같은
이야기
(시공주니어)

트』(어린이 통합교과 연구회 글, 명진 그림 | 상상의집) 또한 층간 소음 문제를 다루는 책이라 이웃 간에 벌어지는 문제와 이웃의 의미에 대해 생각을 나누어볼 수 있습니다. 『이웃의 이웃에는 누가 살지?』(채인선 글, 김우선 그림 | 미세기)와 『이웃집에는 어떤 가족이 살까?』(유다정 글, 오윤화 그림 | 위즈덤하우스)는 사는 모습도 다르고 형태도 다른 다양한 이웃의 모습을 통해 다양성을 이해하는 토대를 마련할 수 있는 책입니다.

『우리 동네 슈퍼맨』(허은실 글, 이고은 그림 | 창비)과 『밤을 지키는 사람들』(신순재 글, 한지선 그림 | 창비), 『누가 집을 지을까?』(구본준 글, 김이조 그림 | 창비)는 모두 '사람이 보이는 사회 그림책' 시리즈로 일하는 사람들의 모습을 생생히 담아낸 그림책입니다. 이웃들의 다양한 삶의 모습은 물

론 사람의 존재에 대해 진중히 생각해볼 수 있습니다.

『찬다 삼촌』(윤재인 글, 오승민 그림 | 느림보)은 아빠와 일하는 이주 노동자와 함께 살게 된 아이 시선에서 그려진 책으로 다양한 가정의 모습을 생각해볼 수 있습니다.

『내가 라면을 먹을 때』(하세가와 요시후미 글그림 | 고래이야기)는 가까운 이웃과 동남아시아, 중동 친구들의 삶까지 엿볼 수 있는 책입니다. 제목처럼 '내가 라면을 먹는 순간'에 지구상의 누군가는 가난에 굶주릴 수도 있고 어린이들이 생각해보지 못한 삶을 살 수 있다는 것을 보여줍니다. 『거짓말 같은 이야기』(강경수 글그림 | 시공주니어) 또한 전 세계 곳곳에서 힘든 삶 속에 놓인 어린이들의 모습을 보여주는 책으로 어린이 인권에 대해 생각해볼 수 있는, 아니 어쩌면 생각해야만 하는 주제를 다룹니다.

나, 가족, 친구, 이웃의 책을 읽다보면 시선이 세계로 뻗어나가게 되어 있습니다. 사람은 결코 나 자신의 안위만을 생각하며 살 수 없고 행복할 수 없습니다. 나의 이야기가 타인의 이야기로 연결되고 나와 타인이 속한 이 사회에 대해 생각하며 더 나은 세상을 고민하는 일은 어쩌면 우리 모두의 숙명 아닐까요? 저학년 어린이들이 나와 관련된 사회책을 찾아 읽는 과정에서 건강하고 행복한 사회인으로 자라기를 소망합니다.

마음과 생각이 열리는
사회책 찾기

앞에서 나와 관련된 사회책 찾기에서는 나 중심 사고가 남아 있는 저학년 어린이용 사회책을 소개했습니다. 나와 가족, 이웃의 이야기를 다루기 때문에 저학년이 아니더라도 누구나 의미 있게 읽을 수 있는 책이기도 합니다.

고학년 어린이들은 더 폭넓게 접근해야 합니다. 사회책 읽기의 목적 중 하나는 이 세계를 조망하고 그 시선으로 나를 인식하는 힘을 키우는 것입니다. 세계 안에서의 나를 인식해야 나의 역할을 찾고 건강한 사회 구성원으로 살 수 있으니까요. 그것이 곧 행복한 내가 되는 길이기도 하지요.

문제는 고학년이라고 해서 너무 딱딱한 책을 접하면 사회책에 대한 편견이 생길 수 있다는 것입니다. 마음이 열려야 생각도 열리기에 가슴을 먼저 두드려주는 책을 찾아야 합니다.

열두 살의 승진이는 『넌 네가 얼마나 행복한 아이인지 아니?』(조정연 글, 이경석 그림 | 와이즈만북스)를 읽고 온 날 책 속의 이야기가 진짜인지 물

넌 네가 얼마나
행복한 아이인지 아니?
(와이즈만북스)

위를 봐요!
(현암주니어)

우리 아빠는 택배맨
(낮은산)

어린이를 위한
신도 버린 사람들
(주니어김영사)

똥 학교는 싫어요!
(초록개구리)

피노키오야,
경제랑 같이 길을 떠나자
(책읽는귀족)

었습니다. 제3세계 국가에서 가난에 시달리거나 노동 착취를 당하는 아이들의 사진을 보았음에도 믿을 수 없다며 사실 여부를 계속 확인했지요. 관련된 책을 더 읽은 후에는 매우 안타까워했습니다.

『위를 봐요!』(정진호 글그림 | 현암주니어)는 건축을 전공한 작가의 그림책으로 어느 날 장애를 갖게 된 수지 이야기를 담고 있습니다. 다리가 불편한 수지는 매일 베란다에 나가 지나가는 사람들을 내려다보았습니다. 검은색 머리만 보던 수지는 사람들이 꼭 개미 같다고 생각했습니다. 그러

던 어느 날 "아무라도 좋으니 위를 봐요!"라고 외쳤고 위를 본 사람들은 어느새 하나둘 가만히 바닥에 눕습니다. 수지가 온전히 자신들의 모습을 보게 하려는 것이지요. 어린이들에게 읽어주면 짧게 '아' 소리가 나오는 책이기도 합니다.

『우리 아빠는 택배맨』(양지안 글, 김선배 그림 | 낮은산)은 급식 조리실에서 일하는 엄마, 택배 기사를 하는 아빠, 자동차 공장에서 일했던 아빠 이야기 세 편이 잔잔히 펼쳐지는 책입니다. 책장을 덮고 나면 우리 부모님의 모습을 본 것 같아 마음 한편이 묵직해지는 감정을 느끼게 됩니다. '노동'이라는 단어를 어렴풋이 떠올리며 또 다른 책을 찾아보고 싶은 마음도 들게 하지요.

『어린이를 위한 신도 버린 사람들』(나렌드라 자다브 글, 이종옥 그림 | 주니어김영사)은 인도의 경제학자인 나렌드라 자다브의 자전적 소설로 인도에서 불가촉천민으로 태어나 살면서 겪은 불합리한 대우와 핍박을 이겨낸 이야기를 담고 있습니다. 어린이들은 경험한 삶과 많이 다르면 괴리감을 느껴 이 이야기가 진짜 이야기인지를 확인하는데 이 책 역시 그랬습니다. 인도의 카스트 제도와 더불어 우리 역사에 있던 신분 차별에 대해 이야기해보세요. 그것이 비단 과거 이야기가 아님을 확인하고 생각해보는 시간을 가질 수 있습니다.

어린이들이 직접 학교 이름을 바꾸는 데 앞장선 이야기를 그린 『똥 학교는 싫어요!』(김하연 글, 이갑규 그림 | 초록개구리)는 실제 이야기를 바탕으로 만든 책입니다. 부산 기장군 대변리에 위치해 '대변 초등학교'라는 이름을 가지고 있는 학교의 학생들은 평소 학교 이름 때문에 많은 설움을 느꼈습니다. 그러다 전교 부학생회장 후보로 나선 학생이 학교 이름 바꾸기를 공약으로 세웠고 이를 계기로 전교생이 하나가 되어 학교 이름 바꾸기에

성공합니다. 어린이들이 직접 학교 이름을 바꾸는 과정을 읽으면 누구나 사회의 구성원으로서 중요한 역할을 할 수 있음을 깨닫게 됩니다. 책이라는 것이 그렇듯 책 속 인물들이 경험하고 느낀 것을 독자도 간접적으로 느낄 수 있기에 책장을 넘길 때마다 마음과 생각이 움직이게 됩니다. 그 감동이나 떨림이 사람을 행동하게 만드는 것이지요. 이 책의 시리즈 이름인 '내가 바꾸는 세상'처럼 세상을 바꾸고 싶은 마음이 사회책 읽기에서 비롯될 수 있습니다.

『피노키오야, 경제랑 같이 길을 떠나자』(문성철 글, 이애영 그림 | 책읽는귀족)는 경제 동화입니다. 어느 날 루비 구두를 발견한 피노키오는 그 구두를 갖고 싶어하지만 형편상 살 수 없다는 것을 알고 여행길에 나섭니다. 이 여행에서 피노키오는 여러 가지 경제 관념을 배워나가게 됩니다. 이 책은 책장을 넘겨도 좀처럼 별다른 경제 지식이 나오지 않습니다. 그런데 피노키오의 여행길을 재밌게 따라가다보면 어느새 '돈'에 대해서 생각해보게 되고 몇 가지 경제 개념을 알게 됩니다. 스토리텔링 형식의 도서로 읽는 시간에 비해 얻는 지식의 양이 많지 않을 수 있습니다. 그래서 경제 도서를 안 읽던 어린이에게 적합한 책입니다. 지식 정보 비중이 많은 책을 섣불리 권했다가는 오히려 편견이 생길 수 있고 책을 다시 잡게 하는 데 많은 시간이 걸릴 수도 있습니다. 그래서 스토리를 따라 읽어갈 수 있는 이런 종류의 책을 먼저 접하는 것이 장기적인 관점에서 더 좋다는 것을 강조하고 싶습니다.

지금까지 그림책과 문학 도서 또는 스토리텔링의 비중이 높은 여러 책을 소개했습니다. 135~137쪽에 그림책과 스토리 비중이 높은 도서는 따로 표기해두었으니 책을 고를 때 참고하기 바랍니다.

적극적인 사회책 읽기

사회책을 즐겁게 읽고 마음으로 느낄 수 있으려면 스스로 시민이라는 인식을 하면서 적극적으로 책을 이해하려고 노력해야 합니다. 이에 몇 가지 방법을 안내합니다.

● 나와 사회를 인식하기

전 세계의 영역을 다루는 사회책 특성상 어린이의 생활 경험에 따라서 공감하기 어려운 내용도 있을 수 있습니다. 그래서 나와 세계는 이어져 있다는 것을 알기 위해 나에게서 출발하여 세계까지 도달해보는 활동을 합니다.

『사회는 쉽다! 10: 사회 공부는 왜 하는 걸까?』(김서윤 글, 우지현 그림 | 비룡소)은 중학년 이상을 대상으로 나온 도서로 사회의 뜻부터 사회 공부를 하는 이유와 살아가는 법, 사회 변화와 사회를 바꾸는 방법까지 사회의 전반적인 내용을 차근차근 알려주는 책입니다. 이 책의 1장 '사회가 도대

체 뭐길래!'는 사회의 뜻과 필요성을 알려주는 챕터로 이 부분을 참고하여
활동해보면 좋습니다. 우선 어린이들에게 서식을 주고 활동 방법을 참고
하며 서식을 채우게 도와주세요.

✪ 참고 사항

1. 아이들이 자유롭게 생각을 표현할 수 있게 큰 종이를 준비해주세요.
2. 서식 요소에 따라서 활동이 제한될 수 있습니다. 예를 들어 '5 각 집단의 문화
   쓰기'는 '나' 칸에 해당되지 않으므로 생략해도 됩니다.
3. 각 활동은 사회의 기본 개념을 익히고 나와 세계가 어떻게 연결되어 있는지 아
   는 것에 목적을 둡니다. 따라서 충분한 시간을 두고 천천히 활동하세요.
4. 서식 요소 중 '세계' 칸을 채울 때 『나라와 나라 사이에는 무엇이 있을까?』(채
   인선 글, 여미경 그림 | 미세기)를 참고해도 좋습니다.
5. 서식을 채우기 어려울 때는 사회책을 참고서 삼아 활동해보세요.

	활동 방법	배울 수 있는 점
1	이름이나 직업 등을 활용해 가족, 학교 등 각 집단에 속한 구성원 쓰기	• 인간은 태어날 때부터 여러 집단(사회)에 속한다 • 사회는 구성원으로 이루어진다
2	각 집단에 속한 구성원들의 역할 쓰기	• 구성원에게는 각 역할이 있다
3	구성원들이 역할을 잘하지 못할 경우 생기는 문제 쓰기	• 구성원이 역할을 잘해야 집단이 잘 굴러간다
4	각 집단의 규칙 쓰기	• 집단은 일정한 규칙에 의해 굴러간다
5	각 집단의 문화 쓰기	• 각 사회에는 '문화'가 있으며, 문화란 한 사회가 가지고 있는 독특한 생활 방식이다
6	각 집단에서 발생되는 문제 상황 쓰기	• 집단에는 문제가 발생할 수 있고 이것을 '사회 문제'라고 한다

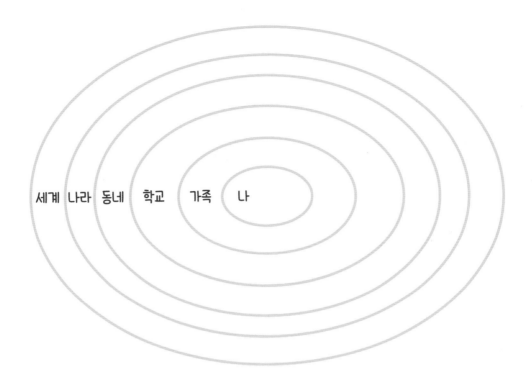

세계 나라 동네 학교 가족 나

● **시민 의식 키우기**

　『조커, 학교 가기 싫을 때 쓰는 카드』(수지 모건스턴 글, 미레유 달랑세 그림 | 문학과지성사)에는 어린이들에게 삶을 가르치는 지혜로운 선생님이 등장합니다. 선생님은 아이들에게 '기다림'을 가르치기 위해 우체국을 가 보게 합니다. 요즘 어린이들은 너무도 바쁘다보니 우체국은 물론 은행이나 관공서를 다녀본 경험이 많지 않습니다. 자신이 읽을 책을 빌리러 가는 도서관조차 부모님이 대신 가기도 합니다. 어린이가 이 사회의 엄연한 구성원인 작은 사람이며 시민이라는 것을 알려주기 위해 공공기관이나 관공서를 갈 때 동행해보면 어떨까요?

『우리는 어린이 시민』(채인선 글, 황보순희 그림 | 주니어김영사)은 어린이들 스스로가 시민 의식을 갖고 어떤 태도로 살아야 하는지 알려주는 그림책입니다. 이 사회의 주인으로서 동네와 우리나라, 이웃나라에 어떤 일이 생기는지 관심을 가져야 한다는 것, 어린이도 사회 참여를 할 수 있다는 것을 알려주는 책이지요. 이 책을 읽고 나서 어린이들과 어린이 시민증을 만들면서 스스로 시민 의식을 갖게 해주세요.

〈앞면〉

어린이 시민증

📷

이　름 :
국　가 :
생년월일 :
아빠성함 :
엄마성함 :

사　는　곳 :
좋아하는 것 :
성　　　격 :
잘하는 것 :

사진을 붙이고 자신에 대해 씁니다.

〈뒷면〉

나는 어린이 시민

_____입니다.

나는 내가 태어난 대한민국이

_____ 나라가 되길 원합니다.

그러기 위해서 어린이 시민으로서

_____에 관심을 갖겠습니다.

그리고 _____을 실천하며

살아가고 싶습니다.

어린이 시민으로서 포부를 적어봅니다.

● **사회 용어 퀴즈 놀이**

　어린이들이 사회를 어려워하는 이유 중 하나는 사회 용어가 어렵기 때문입니다. 사회 용어는 개념어가 많아 일상에서 자주 쓰지 않기 때문에 낯설 수밖에 없습니다. 어린이 사회 도서에는 사회 용어가 쉽게 쓰여 있거나 책 뒷부분에 별도로 정리가 되어 있기도 합니다. 그러나 사회 도서를 싫어하거나 많이 읽어보지 않은 어린이라면 용어도 익히고 내용도 이해해야 하는 것이 다소 버거울 수 있습니다.

숟가락 젓가락이 있어야 식사가 편한 것처럼 사회 용어 또한 미리 준비해야 하는 것, 즉 미리 익혀두면 좋은 것으로 생각해야 합니다. 이는 비단 사회뿐 아니라 모든 지식책에 적용되는 이야기이기도 하고요.

『교과서 옆 개념 잡는 초등사회 사전』(신정숙 외 글, 우지현 그림 | 주니어김영사)은 사회 용어 600여 개가 가나다순으로 실린 사전입니다. 각 용어에는 요약 및 자세한 설명, 삽화가 실려 있습니다.

중요한 것은 활용법이겠지요. 사전을 책 읽듯 정독할 수 없으며 많은 용어가 담긴 책을 공부하듯 스스로 읽는 어린이도 없을 것입니다. 그래서 저는 간단한 게임을 해보곤 합니다. 문제를 내는 사람이 책을 들고 해당 용어의 뜻을 읽으면 듣는 이가 정답을 맞히는 것입니다. 이 책에서 가장 처음에 등장하는 용어는 '가격'이며 '어떤 상품이나 서비스의 가치를 돈으로 매겨 놓은 것, 값'이라고 쓰여 있습니다. 문제를 내는 이는 이 설명을 읽고 듣는 이는 3초 안에 답(용어)을 맞혀야 합니다. 스피드 게임처럼요. 책의 첫 장부터 하거나 아무 페이지나 펼쳐 즐겁고 간단하게 활동을 합니다. 용어를 맞혔다면 그 용어 옆에 별 모양 스티커 등을 붙여 표시해둡니다. 그다음에는 스티커가 없는 용어만 골라 같은 방식으로 퀴즈를 내면 됩니다.

그런데 모르는 용어를 어떻게 맞힐 수 있을까요, 게임을 할 때 3초 안에 말을 하지 못하면 바로 답을 알려주어야 합니다. 문제를 들은 후 답을 떠올리려고 노력하다가 그래도 모르겠다고 판단되는 순간 해당 용어를 들는 것. 이 과정이 반복되면 뜻과 용어가 연결지어지고 자연스럽게 용어를 익힐 수 있습니다. 즉, 용어 퀴즈를 내는 과정에서 이미 아는 것은 맞히고 동시에 모르는 사회 용어는 자연스럽게 익혀보는 것이 이 활동의 목적입니다.

이 과정을 반복하면 어느새 책에 별 모양 스티커가 가득할 거예요. 만약 자녀가 둘 이상이라면 각각 다른 모양의 스티커를 붙여주세요. 첫째는 별 모양 스티커, 둘째는 하트 모양 스티커, 셋째는 좋아하는 캐릭터 스티커가 어떨까요?

● **사회 용어로 이야기 짓기**

조금 더 적극적인 사회 용어 활용법을 안내하겠습니다. 아래는 『교과서 옆 개념 잡는 초등사회 사전』(신정숙 외 글, 우지현 그림 | 주니어김영사)에서 뽑은 사회 용어입니다. 각 자음별로 2개씩 총 28개입니다.

가격	가계부	나노 기술	낙농업	다국적 기업	다리밟기	라니냐
리우 선언	막사이사이상	명령	바코드	박물관	사막화	사무직
아나바다 운동	안내도	자동화	자력 구제	참정권	천도교	캐릭터 산업
컴퓨터 통신	텔레뱅킹	토양 오염	판결	판사	합리적 선택	항소

용어는 예시로 뽑아본 것이며 실제로 할 때는 용어 퀴즈 놀이를 한 뒤 별 모양 스티커가 붙은 용어와 그렇지 않은 용어, 즉 아는 용어와 모르는 용어를 적절히 섞어주는 것이 좋습니다.

✪ 활동 방법

1. 용어를 카드로 만듭니다.

2. 가족이 모여 앉아 각 용어를 1개씩 넣어 문장 만들기 놀이를 합니다.

3. 돌아가며 하되 이야기는 이어지도록 합니다. 즉 한 편의 이야기를 만드는 겁니다.

4. 한 바퀴가 돌면 이번에는 용어를 2개씩 넣어 한 문장을 만듭니다. 역시 돌아가며 하되 이야기가 이어지도록 합니다.

5. 놀이하듯이 재미있게 이야기를 만들었다면 이 내용으로 글쓰기를 합니다.

다음은 용어 게임이 끝난 뒤 진행하는 글쓰기 예시입니다. 예시를 참고하여 구성원이 각각 문장을 만들어 한 편의 이야기를 완성해보세요.

① 오늘 마트에 가니 **물가**가 많이 올라 슬펐다. ② **가계부**가 휘청이는 소리가 들린다. ③ 주말에 **박물관**을 가기로 했는데 갈 수 있을지 모르겠다. ④ **아나바다 운동**이라도 해서 절약을 해야겠다. ⑤ 이러다 우리 가족 몸과 마음이 **사막화**될지도 모르니까 말이다. ⑥ 장을 보거나 물건 살 때도 좀 더 **합리적 선택**을 해서 지출을 줄여야겠다. ⑦ 과대 포장된 물건 때문에 **토양 오염**이 심각해진다니 참고해서 장을 봐야겠다.

사회 용어로 이야기 짓기를 할 때 아는 용어도 적절히 섞어야 하는 이유는 바로 이 글쓰기 활동에 있습니다. 아는 용어는 모르거나 어렴풋하게 아는 용어를 사용할 수 있게 하는 디딤돌 역할을 합니다. 아는 용어로만 이야기 짓기를 하면 활동의 의미가 없고 모르는 용어가 많으면 이야기 짓기가 어려워 글도 쓸 수 없습니다.

마지막으로 이 활동은 어른과 함께 하길 권합니다. 어른은 어른이 아는 단어를 활용하여 문장을 만들 것이고 어린이는 어른이 만드는 문장을 계속 들을 것입니다. 어휘는 실제 생활 속에서 사용할 줄 알아야 진짜 자기 것이 되는데 이 모델 역할을 어른이 해주는 것이고 어린이가 그걸 보고 배우는 것이지요.

용어의 뜻을 아는 것을 넘어 글쓰기 활동을 하며 적절하게 활용도 했다면 그 용어는 완벽히 아는 단어라고 할 수 있겠지요. 그렇다면 『교과서 옆 개념 잡는 초등사회 사전』(신정숙 외 글, 우지현 그림 | 주니어김영사) 책에서 그 용어를 찾아 옆에 왕관 모양을 그려보는 것은 어떨까요? 완전 정복했다는 의미로 그려주면 뿌듯한 마음이 들고 정복하지 못한 용어에 대한 정복 욕구가 생길지도 모릅니다.

● 어린이 시민의 SNS 운영

사회책을 읽고 시민 의식을 갖게 되었다면 어린이 시민이 되어 SNS를 운영하면 어떨까요? 내가 만난 사회 속 사건을 사진과 글로 남겨보겠습니다. 실제 SNS를 운영해도 좋고 카드로 SNS를 만들어 쓰게 하는 것도 좋습니다. 매일 1개씩 쓰면 자연스럽게 시민 의식이 생길 것입니다.

✪ 활동 방법

1. 이름을 쓰고 사진 칸에 오늘 만난 사회 소식을 그림으로 그립니다.
2. 오늘 어떤 일이 있었는지 간단히 씁니다.

✪ 참고 사항

1. 어린이에게 밖에서 듣고 보는 모든 것이 사회라는 것을 알려줘서 소재를 쉽게

찾을 수 있도록 도와줍니다.

2. 어린이가 기자가 되어 사회 곳곳을 취재한다는 설정으로 써도 좋습니다.

3. 글이 길어지면 노트에 쓰고 이것이 사회 일기임을 알려주세요.

〈예시〉

경비 아저씨께서 낙엽을 쓸고 계셨다. 사람들은 경비 아저씨가 쌓아둔 낙엽을 피해 지나갔다. 아파트가 깨끗해졌다. 감사하다.

사회책 깊이 읽기

사회책은 분야가 매우 넓습니다. 정치, 경제, 법을 기본으로 한국사, 세계사 더 나아가 인권, 사회문화 등 범위도 넓고 방대합니다. 그중 역사는 뒷장에 따로 설명하였으니 제외하고 일반 사회, 인권, 경제, 정치, 법으로 크게 분류하려고 합니다. 이 책들은 고학년이 되어서 읽기를 바랍니다. 소개하는 활동도 고학년과 하는 것입니다.

● **목차 나무 그리기**

지식책을 주도적으로 읽으려면 나무보다 숲이 중요하다는 것을 알고 숲의 특성을 먼저 파악한 뒤 나무를 보아야 합니다. 지식책에서 숲은 목차이고 나무는 본문입니다.

목차를 보면 책에 어떤 내용이 펼쳐지는지 짐작할 수 있습니다. 책의 주제와 관련하여 이야기를 어디까지, 어떻게 알려주는지도 알 수 있고요. 목차를 읽다보면 호기심이 자극되어 읽기 준비도를 높이는 데도 도움이 됩니다.

본문을 읽기 전에 목차를 소리 내어 읽게 하고, 관련 배경지식이 있다면 말하게 해주세요. 목차를 보고 궁금해진 점을 말하는 것도 좋습니다.

저는 어린이들에게 권하고 싶은 지식책이 읽을 때 목차를 먼저 읽어주기도 하는데요, 그냥 읽어주기만 해도 자연스럽게 위 대화가 이루어져 책에 호감을 느끼는 경우를 봅니다.

아래는 『헌법을 읽는 어린이』(임병도 글, 윤지회 그림 | 사계절)의 목차입니다. 잘 읽어보면 헌법에 대해 어디까지 알려주며 어떤 내용을 담았는지 알수 있습니다.

[차례]

헌법 이야기를 시작하며

1장 반갑다, 헌법!
1. 도대체 헌법이 뭐지?
2. 헌법이 생겨난 까닭
3. 우리나라 헌법의 역사

2장 세계 여러 나라의 헌법
1. 김일성–김정일 헌법, 북한 헌법
2. 일본, '평화 헌법'을 지키자!
3. 미국의 헌법

이번에는 목차를 더 자세히 살펴보기 위해 목차 나무를 그려보겠습니다. 우선 나무 기둥에는 책 제목을 쓰고, 큰 가지에는 목차의 큰 제목을 씁니다. 그리고 작은 나뭇가지에는 목차의 작은 제목을 씁니다.

목차를 소리 내어 읽을 때처럼 그림을 그리면서 어린이들은 아는 것을 말하기도 하고 궁금한 것을 묻기도 합니다. 나무를 그리는 동안 책을 펼치고 싶은 마음이 들고 궁금해진 점을 알고 싶어 적극적으로 독서를 할 것입니다.

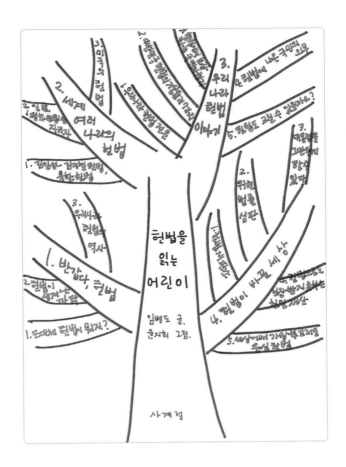

    목차 나무가 완성되면 나뭇가지만 있는 이 나무를 조금 더 발전시켜도 좋습니다. 나뭇잎을 그려보는 것이지요. 나뭇잎에는 어떤 내용을 담으면 될까요? 책을 읽고 주요 내용을 적어보게 하면 나뭇잎까지 있는 풍성한 나무가 될 것입니다.

    목차 읽기로 시작하여 본문을 읽으며 완성한 나무는 그 어떤 나무보다 멋진 지식 나무가 될 거예요.

● 경제 달력 만들기

　사람은 한정된 시간 동안 받아들일 수 있는 정보의 양이 정해져 있습니다. 지식책을 한 번에 읽기 어려운 이유가 바로 이것입니다. 보통 능숙한 독자들은 내가 받아들일 수 있는 적당량의 정보가 담긴 책을 잘 찾습니다. 어린이 독자들도 마찬가지여서 관심 분야의 지식책을 꾸준히 읽어온 아이는 자신에게 맞는 책도 잘 고르는 편이고 그 책에서 얻을 수 있거나 얻고 싶은 정보만 골라 읽는 발췌독을 하기도 합니다.

　그렇지 않은 어린이들에게는 지식책을 잘 읽을 수 있는 방법 중 하나인 '경제 달력 만들기'를 추천합니다. 경제 도서 1권을 정해서 한 달 동안 나누어 읽으며 주요 내용을 기록하는 형식으로 달력을 채워가는 활동입니다.

　하루 한 문장 정도의 지식을 정리하면 되는 것이라 부담이 없고 다 하고 나면 경제 지식을 모아놓았다는 뿌듯함도 느낄 수 있습니다. 한 달을 다 마치고 나면 경제 달력 모양의 경제 공책을 만든 것이나 다름없습니다. 완성된 달력을 잘 보이는 곳에 걸어두면 온 가족의 경제 상식 함양에 도움이 될 수도 있습니다.

　이 활동은 적극적으로 책을 읽게 하는 효과도 있습니다. 나에게 필요한 정보를 찾아 적는다는 목적으로 읽으면 끊임없이 판단하고 사고하게 되니까요.

　경제 지식을 짧은 문장으로 쓰려고 애쓰다보면 요약 능력도 키울 수 있습니다. 매월 책을 바꾸면 더 다채롭게 책을 읽을 수 있고요. 매월 새 도서로 한다면 1년에 12권의 경제 도서를 읽을 수 있습니다.

　경제 도서로 예를 들어 설명했으나 경제가 아닌 다른 사회 도서로도 달력을 만들 수 있습니다. 도서의 종류에 따라 경제 달력, 법 달력, 정치 달력, 인권 달력이 될 수 있겠지요.

활동 예시로 『1+1이 공짜가 아니라고?』(이정주 글, 강은옥 그림 | 개암나무)의 내용을 읽고 6일까지 정리한 달력을 보여드리겠습니다(124쪽 참고).

달력에 정보를 모두 적었다면 한 달을 마감하는 기념으로 각 날짜에 적힌 내용이 우리 가족 중 누구에게 도움이 될지 표시해보는 것도 좋습니다. 사회책 읽기가 지식 습득을 넘어 타인에게 도움이 되는 행위일 수도 있다는 것을 깨닫는 좋은 활동입니다.

📅 경제 달력 2021년 1월

오늘의 경제 꿀팁은? 1+1이 공짜가 아니라고?
이정주 글. 강은옥 그림 | 개암나무 펴냄

일	월	화	수	목	금	토
					1 쿠폰은 물건 가격에 포함되므로 공짜가 아니다. 21쪽	**2** 기업은 쿠폰 발행 여부와 상관없이 품질과 서비스를 유지해야 한다. 23쪽
3 어부가 잡은 고등어가 소비자에게 오면서 가격이 붙는 과정을 '유통 과정'이라 한다. 49쪽	**4** 이익을 적게 보고 많이 파는 것을 '박리다매'라고 한다. 50쪽	**5** 1+1 판촉 행사 시 모든 것은 물건 가격에 포함되므로 공짜가 아니다. 52쪽	**6** 서로 관련 있는 제품을 한데 모아 진열하는 것을 '연관진열'이라고 한다. 53쪽	**7**	**8**	9
10	**11**	**12**	**13**	**14**	**15**	16
17	**18**	**19**	**20**	**21**	**22**	23
24	**25**	**26**	**27**	**28**	**29**	30

● 사회책 한 장 정리

　　스스로 필요성을 느껴 선택한 책이 아니라면 집중해서 보기 어렵습니다. 일정한 읽기 기준이 없다면 텍스트를 모두 읽어냈다고 해도 독자에게 의미를 줄 수 없고 독서의 효용도 떨어지겠지요.

　　어린이들이 새로운 책을 읽어보기로 했다면 적절한 읽기 기준을 제안해주는 것이 좋습니다. 『강직한의 파란만장 시장 도전기』(김찬곤 글, 송진욱 그림 | 사계절)를 예시로 들어보겠습니다. '오늘 사회 돋보기'를 보며 읽기 기준을 세우고 책의 내용을 한 장으로 정리해보세요. 이 활동을 하면 책을 꼼꼼히 읽을 수 있고, 다음에 읽을 책을 찾을 수도 있습니다. '오늘의 사회 문제'에 있는 '비정규직'을 보고 '노동권'과 관련된 도서를 찾아보거나 '법을 개정해야 한다'는 이야기를 보고 관심이 생긴다면 '법' 관련 도서를 찾아 읽으면 되는 것이죠. 이것이 곧 '연계 독서'입니다.

✪ 활동 방법

1. 책을 읽은 날짜와 이름, 책의 제목, 지은이, 출판사를 씁니다.
2. '오늘의 ( ) 용어', '오늘의 ( ) 상식'의 괄호 안에는 정치, 경제, 법, 인권 등의 도서 분야를 씁니다.
3. 책을 읽으며 '오늘의 ( ) 용어'에 책에 나온 사회 용어와 그 뜻을 씁니다.
4. '오늘의 ( ) 상식'에는 사회 상식을 뽑아 2~3개 정리합니다.
5. '이 사람을 주목해주세요'에는 책의 주요 인물이 직접 자기소개를 하듯 글을 씁니다.
6. 책에 등장한 사회 문제는 '오늘의 사회 문제'에 씁니다.

7. '오늘의 세상 보기 꿀팁'에는 다른 사람에게 정보가 될 내용을 찾아 씁니다.

✪ 활동 목적

1. 사회책을 읽는 기준을 배울 수 있습니다.

2. 책 1권을 큰 시선으로 살펴볼 수 있습니다.

3. 연계 도서를 찾아 읽는 계기를 마련할 수 있습니다.

✪ 참고 사항

1. 양식에 익숙해지려면 처음에는 어린이의 읽기 능력보다 조금 낮은 책을 선택
   해서 하는 것이 좋습니다.

2. 어른이 마주 앉아 같이 해준다면 정리하는 기쁨이 더 커질 것입니다.

오늘의 사회 돋보기

2021 년 3 월 2일   어린이 시민 : 김민철

책 제목 : 강직한의 파란만장 시장 도전기   지은이 : 김찬곤   출판사 : 사계절

오늘의 (정치) 용어

선거 : 투표를 통해 공직자나 대표를 뽑는 것
관용차 : 정부 기관이나 국립 공공 기관 따위에 소속되어 운행되는 자동차
행정 : 정치나 사무를 행함
예산안 : 예산의 초안
시민 : 국가 사회의 일원으로서 그 나라 헌법에 의한 모든 권리와 의무를 가지는 자유민
집무실 : 주로 높은 지위에 있는 사람들이 일을 처리하는 방
비정규직 : 근로 방식 및 기간, 고용의 지속성 등에서 정규직과 달리 보장을 받지 못하는 직위나 직무를 지닌 사람
무소속 : 어느 단체나 정당에도 속하여 있지 않음. 또는 그런 사람
공천 : 공인된 정당에서 선거에 출마할 당원을 공식적으로 추천하는 일
출마 : 선거에 입후보함

오늘의 (정치) 상식

1. 연말에 공사하지 않으면 다음 해에 예산이 줄고 담당 공무원은 감사를 받게 된다. 29쪽

2. 일제 강점기 때 일본인 관리들이 살았던 집을 '관사'라고 한다. 35쪽

3. 시장이나 도지사 후보로 나가려면 25세 이상 선거일 기준 두 달 전부터 그 시나 도에 살고 있어야 한다. 35쪽

4. 시장은 잇따라 3번, 12년 가능하다. 49쪽

이 사람을 주목해주세요!

안녕하세요, 저는 강직한입니다. 달못 시의 시장이지요. 쫀쫀이 시장으로 소문나 있어요.
저는 시민들의 행복한 삶을 위해 시민의 소리에 귀를 기울이고자 노력을 많이 한답니다. 불의는 절대 참지 못하는 시장이기에, 오늘도 시민들 이야기를 들으러 가요. 비정규직 문제나 대형 마트 입점 문제 등 할 일이 많네요!

오늘의 사회 문제

1. 매년 예산 문제로 쓸데없는 공사에 세금을 쓴다. 29쪽
2. 마트가 있는데 대형마트가 들어서 소상공인들의 사업이 위태롭다. 38~42쪽
3. 비정규직은 가장 힘든 일을 하며 낮은 임금을 받고 있다. 64쪽
4. 기업의 노동자 수백 명이 하루아침에 해고를 당하기도 한다. 92쪽

오늘의 세상 보기 꿀팁

시장이 관사에 살지 않고 다른 용도로 사용할 수도 있다는 사실을 아셨나요? 시장이 살지 않는다면 어린이집이나 어린이도서관 또는 시민들 공익을 위해 쓰면 참 좋을 것 같아요!
시장은 연달아 세 번이나 할 수 있다는 사실! 이 또한 꿀팁이네요. 나중에 혹시 시장이 되고 싶다면 능력을 잘 키우고 신뢰를 얻어 한 도시의 훌륭한 시장으로 자리매김하면 좋을 것 같아요!

오늘의 사회 돋보기

년   월   일   어린이 시민 :

책 제목 :   지은이 :   출판사 :

오늘의 (   ) 용어

오늘의 (   ) 상식

이 사람을 주목해주세요!

오늘의 사회 문제

TIP 오늘의 세상 보기 꿀팁

쏙쏙 골라 읽는 사회책
100권&독서 기록장 쓰기

오른쪽은 일반 사회부터 법 관련 도서까지 비교적 읽기 쉬운 것을 순서대로 나열한 표입니다. 일반 사회 도서는 여러 분야의 사회를 개괄해서 보여주는 책이라 가장 먼저 읽어보면 좋습니다. 어린이들의 삶과 관련된 어린이 인권 도서는 다음 순번으로 놓았습니다. 인권은 요즘 사람들의 관심을 많이 받는 분야라 관련 도서가 많이 나오는 편입니다. 그래서 어린이, 장애인, 노동자, 기타로 세분화하여 순서를 매겨보았습니다. 경제, 정치, 법은 비교적 읽기 어려운 책이라 가장 마지막에 읽으면 좋습니다.

일반 사회
↓
인권 / 어린이
↓
인권 / 장애인
↓
인권 / 노동자
↓
기타(난민, 다문화 등)
↓
경제
↓
정치
↓
법

● 사회책 두루 살펴보기

　　나무를 보기 전 큰 숲을 보아야 하듯 사회책도 어떤 분야들이 있는지 먼저 살펴보는 것이 좋겠지요. 본격적으로 책을 읽기 전 사회에 대해 생각해보는 시간을 가지면 좋겠습니다. 135~137쪽에 수록된 사회책 목록을 보며 미리 이야기를 나누어보세요.

✪ 활동 방법

1. 사회책의 종류를 보고 1~5개의 기대 별점을 매겨봅니다.
2. 사회책의 종류를 보고 해당 분야에 대해 알고 있는 것을 써봅니다.
3. 해당 분야에 대해 궁금한 것을 써봅니다.

✪ 활동 목적

1. 사회책이 다양한 분류로 나뉘어져 있다는 것을 알 수 있습니다.
2. 기대 별점, 알고 있는 것, 궁금한 것을 써보면서 사회책의 8가지 분야에 대해 구체적으로 생각해볼 수 있습니다.
3. 표에 내용을 채우면서 사회책에 호기심이 생기거나 동기부여가 됩니다.

✪ 참고 사항

1. '일반 사회 도서'를 이야기할 때에는 막연할 수 있기 때문에 135쪽에 소개하는 일반 사회 도서의 제목을 함께 읽어본 후 관련하여 알고 있는 것이나 궁금한 것을 씁니다.
2. 사회책을 읽기 전 미리 내용을 생각해보는 활동이므로 가볍고 재미있게 합니다.

사회책 종류	기대 별점	알고 있는 것	궁금한 것
일반 사회			
인권 / 어린이			
인권 / 장애인			
인권 / 노동자			
기타 (난민, 다문화 등)			
경제			
정치			
법			

● 사회책 목록 보는 법

인권 / 어린이				
우리는 어린이 시민 (주니어김영사) ☆ ☆ ☆	내가 라면을 먹을 때 (고래이야기) ☆ ☆ ☆	세상 모든 아이들의 권리 (시금치) ☆ ☆ ☆	동의: 너와 나 사이 무엇보다 중요한 것! (아울북) ☆ ☆ ☆	방정환과 어린이날 선언문 (현북스) ☆ ☆ ☆
어린이를 위해 어린이가 뭉쳤다 (초록개구리) ☆ ☆ ☆	어린이 세계시민학교 (파란자전거) ☆ ☆ ☆	우물 파는 아이들 (개암나무) ☆ ☆ ☆	넌 네가 얼마나 행복한 아이인지 아니? (와이즈만북스) ☆ ☆ ☆	아동 노동 (풀빛) ☆ ☆ ☆

'쏙쏙 골라 읽는 사회책 100권' 목록 중에서 '인권 / 어린이' 분야의 책 10권을 예시로 들겠습니다. 노란색으로 표시된 것은 그림책입니다. 사회 분야의 그림책은 저학년부터 고학년까지 볼 수 있습니다. 초록색으로 표시된 것은 사회 문제를 다룬 이야기책이거나 이야기 비중이 높은 책입니다. 이야기책은 다른 지식책에 비해 비교적 읽기 쉬운 편이라 지식책을 싫어하는 어린이들도 재미있게 읽을 수 있습니다. 책은 난이도 순으로 배열했습니다. 그러나 꼭 순서대로 읽거나 10권을 모두 읽을 필요는 없습니다. 제목을 보고 호감이 생기는 책을 골라 읽어도 상관없습니다.

표 하단의 별점은 아래와 같은 기준으로 표시하면 됩니다.

☆ ☆ ☆ 사회에 관심이 생겼어요	☆ ☆ 보통이에요	☆ 잘 모르겠어요

사회책을 읽고 나면 여러 사회 현상을 알고 사회 지식을 함양하게 되며 저절로 사회에 관심을 갖게 됩니다. 그래서 위 기준에 따라 별점을 하면 좋지만 위 기준이 어렵다면 재미도로 별점을 해도 상관없습니다.

● 사회책 독서 기록장 쓰는 방법

사회책을 읽고 난 후에는 사회 용어를 찾아 쓰면서 책의 핵심을 생각해봅니다. 사회책을 읽고 나면 사회 지식이 생기기 마련이므로 알게 된 사회 지식을 한 문장으로 쓰고, 책 내용과 관련해 떠오르는 경험, 시민으로서 실천할 내용을 씁니다. 책을 읽고 나서 궁금한 것이 생겼다면 더 궁금한 사회 이야기를 씁니다. 사회책 1권을 읽은 후 5가지 모두 써도 좋고, 1~2가지만 골라 써도 좋습니다. 1권을 읽고 5가지 모두 써도 좋지만 어린이들에게 부담이 될 수도 있고 책에 따라 모두 쓰기 어려울 수도 있습니다. 쓸 수 있는 것을 찾아 독서 기록장 해당 칸에 쓰게 해주세요.

사회책 독서 기록장

세상 느끼며 책 읽기 ★ 사회를 기록하기 ★ 시민 의식 키우기

읽은 날	책 제목	지은이	사회 용어 쓰기(5개 이상)
월 일			
😊 한 줄 댓글			

읽은 날	책 제목	지은이	알게 된 사회 지식(문제) 한 문장 쓰기
월 일			
😊 한 줄 댓글			

읽은 날	책 제목	지은이	생각나는 관련 경험(또는 사회 현상) 쓰기
월 일			
😊 한 줄 댓글			

읽은 날	책 제목	지은이	시민으로서 실천할 내용 1개 쓰기
월 일			
😊 한 줄 댓글			

읽은 날	책 제목	지은이	더 궁금한 사회 이야기 쓰기
월 일			
😊 한 줄 댓글			

☆☆☆ 사회에 관심이 생겼어요   ☆☆ 보통이에요   ☆ 잘 모르겠어요

일반 사회

오늘도 마트에 갑니다 (리틀씨앤톡) ☆ ☆ ☆	→	사회가 재미있는 그림교과서 (한솔수북) ☆ ☆ ☆	→	사회야 사회야 나 좀 도와줘 (삼성당) ☆ ☆ ☆	→	사회는 쉽다! 10: 사회 공부는 왜 하는 걸까? (비룡소) ☆ ☆ ☆	→	내가 만든 책으로 공부해야 사회가 재미있지! (토토북) ☆ ☆ ☆
행복지수 1위 덴마크의 비밀 (사계절) ☆ ☆ ☆	→	내가 학교를 만든다면? (토토북) ☆ ☆ ☆	→	내가 뉴스를 만든다면? (토토북) ☆ ☆ ☆	→	지역 이기주의 님비 현상 (뭉치) ☆ ☆ ☆	→	세상을 따뜻하게 만드는 착한 디자인 이야기 (팜파스) ☆ ☆ ☆

인권 / 어린이

우리는 어린이 시민 (주니어김영사) ☆ ☆ ☆	→	내가 라면을 먹을 때 (고래이야기) ☆ ☆ ☆	→	세상 모든 아이들의 권리 (시금치) ☆ ☆ ☆	→	동의: 너와 나 사이 무엇보다 중요한 것! (아울북) ☆ ☆ ☆	→	방정환과 어린이날 선언문 (현북스) ☆ ☆ ☆
어린이를 위해 어린이가 뭉쳤다 (초록개구리) ☆ ☆ ☆	→	어린이 세계시민학교 (파란자전거) ☆ ☆ ☆	→	우물 파는 아이들 (개암나무) ☆ ☆ ☆	→	넌 네가 얼마나 행복한 아이인지 아니? (와이즈만북스)	→	아동 노동 (풀빛) ☆ ☆ ☆

인권 / 장애인

어떤 느낌일까? (보림) ☆ ☆ ☆	→	위를 봐요! (현암주니어) ☆ ☆ ☆	→	내게는 소리를 듣지 못하는 여동생이 있습니다 (웅진주니어) ☆ ☆ ☆	→	내 친구는 시각장애인이에요 (주니어김영사) 	→	소리를 보는 소녀 (한울림스페셜) ☆ ☆ ☆
장애란 뭘까? (톡) ☆ ☆ ☆	→	고제는 알고 있다 (낮은산) ☆ ☆ ☆	→	장애, 너는 누구니? (산하) ☆ ☆ ☆	→	이상하지도 아프 지도 않은 아이 (우리학교) ☆ ☆ ☆	→	으라차차! 조선을 떠받친 작은 거인들 (지구의아침)

인권 / 노동자

우리 엄마는 청소노동자예요! (고래이야기) ☆ ☆ ☆	오, 미자! (노란상상) ☆ ☆ ☆	엄마의 꿈, 딸의 꿈 (한울림어린이) ☆ ☆ ☆	우리 아빠는 택배맨 (낮은산) ☆ ☆ ☆	우리 아빠는 행복한 노동자예요 (책읽는달) ☆ ☆ ☆
일하지 않는 일 어디 없나요? (개암나무) ☆ ☆ ☆	비정규 씨, 출근하세요? (사계절) ☆ ☆ ☆	노동: 우리 모두 노동자가 된다고? (풀빛) ☆ ☆ ☆	선생님, 노동이 뭐예요? (철수와영희) ☆ ☆ ☆	청계천 노동자들과 전태일 (주니어김영사) ☆ ☆ ☆

인권(기타)

세상의 모든 돈이 사라진 날 (꿈꾸는섬) ☆ ☆ ☆	내 이름은 난민이 아니야 (보물창고) ☆ ☆ ☆	버스 타기를 거부합니다 (한울림어린이) ☆ ☆ ☆	돈가스 안 먹는 아이 (책읽는달) ☆ ☆ ☆	서로 달라서 더 아름다운 세상 (휴이넘) ☆ ☆ ☆
다양하다는 것 (장수하늘소) ☆ ☆ ☆	난민 (풀빛) ☆ ☆ ☆	어린이를 위한 신도 버린 사람들 (주니어김영사) ☆ ☆ ☆	둥글둥글 지구촌 인권 이야기 (풀빛) ☆ ☆ ☆	함께 사는 다문화 왜 중요할까요? (어린이나무생각) ☆ ☆ ☆

경제

돈이 뭐예요? (봄볕) ☆ ☆ ☆	알뜰살뜰! 우리 집 경제 대장 나백원이 간다! (가나출판사) ☆ ☆ ☆	신통방통 플러스 시장과 경제 (좋은책어린이) ☆ ☆ ☆	그깟 100원이라고? (키다리) ☆ ☆ ☆	경제야 경제야 나 좀 도와줘 (삼성당) ☆ ☆ ☆
왜 돈을 낭비하면 안 되나요? (참돌어린이) ☆ ☆ ☆	돈 이야기 (제제의숲) ☆ ☆ ☆	오늘도 나는 마트 간다! (예림당) ☆ ☆ ☆	1+1이 공짜가 아니라고? (개암나무) ☆ ☆ ☆	여기는 따로섬 경제를 배웁니다 (천개의바람) ☆ ☆ ☆
*구본형 아저씨, 착한 돈이 뭐예요? (토토북) ☆ ☆ ☆	아하! 그렇구나: 경제의 모든 것 (채우리) ☆ ☆ ☆	한입에 꿀꺽! 짭짤한 세계 경제 (토토북) ☆ ☆ ☆	둥글둥글 지구촌 경제 이야기 (풀빛) ☆ ☆ ☆	경제의 핏줄, 화폐 (미래아이) ☆ ☆ ☆
수상한 돈돈 농장과 삼겹살 가격의 비밀 (키큰도토리) ☆ ☆ ☆	오메 돈 벌자고? (창비) ☆ ☆ ☆	피노키오야, 경제랑 같이 길을 떠나자 (책읽는귀족) ☆ ☆ ☆	퍼지는 돈이 좋아! (시공주니어) ☆ ☆ ☆	주식회사 6학년 2반 (다섯수레) ☆ ☆ ☆

정치				
정치가 소피아의 놀라운 도전 (천개의바람) ☆ ☆ ☆	→ 동물들의 우당탕탕 첫 선거 (길벗어린이) ☆ ☆ ☆	→ 민주주의를 어떻게 이룰까요? (풀빛) ☆ ☆ ☆	→ 똥 학교는 싫어요! (초록개구리) ☆ ☆ ☆	→ 정치야 정치야 나 좀 도와줘 (삼성당) ☆ ☆ ☆
생활 속에 숨어 있는 정치이야기 (거인) ☆ ☆ ☆	→ 내가 나라를 만든다면? (토토북) ☆ ☆ ☆	→ 한눈에 들어오는 초등 정치 (소담주니어) ☆ ☆ ☆	→ 여기는 함께섬 정치를 배웁니다 (천개의바람) ☆ ☆ ☆	→ 강직한의 파란만장 시장 도전기 (사계절) ☆ ☆ ☆
국회의원 서민주, 바쁘다 바빠! (사계절) ☆ ☆ ☆	→ 내 동생도 알아 듣는 쉬운 정치 (사계절) ☆ ☆ ☆	→ 투표, 종이 한 장의 힘 (사계절) ☆ ☆ ☆	→ 사회는 쉽다! 1: 왕, 총리, 대통령 중 누가 가장 높을까? (비룡소) ☆ ☆ ☆	→ 좋은 정치란 어떤 것일까요? (어린이나무생각) ☆ ☆ ☆

법				
생쥐 나라 고양이 국회 (책읽는곰) ☆ ☆ ☆	→ 우당탕탕! 우리 동네 법 대장 나준수가 간다! (가나출판사) ☆ ☆ ☆	→ 내가 처음 만난 대한민국 헌법 (을파소) ☆ ☆ ☆	→ 내가 법을 만든다면? (토토북) ☆ ☆ ☆	→ 왜 법을 어기면 안 되나요? (참돌어린이) ☆ ☆ ☆
세빈아, 오늘은 어떤 법을 만났니? (토토북) ☆ ☆ ☆	→ 법, 법대로 해! (파란자전거) ☆ ☆ ☆	→ 여기는 바로섬 법을 배웁니다 (천개의바람) ☆ ☆ ☆	→ 헌법을 꿀꺽 삼킨 사회 (씨드북) ☆ ☆ ☆	→ 헌법을 읽는 어린이 (사계절) ☆ ☆ ☆
역사 속에 살아 숨 쉬는 우리법 (현암주니어) ☆ ☆ ☆	→ 법을 아는 어린이가 리더가 된다 (가문비) ☆ ☆ ☆	→ 나라의 주인은 바로 나 (아르볼) ☆ ☆ ☆	→ 어린이를 위한 세계 법률 여행 (토토북) ☆ ☆ ☆	→ 신나는 법 공부! (팜파스) ☆ ☆ ☆

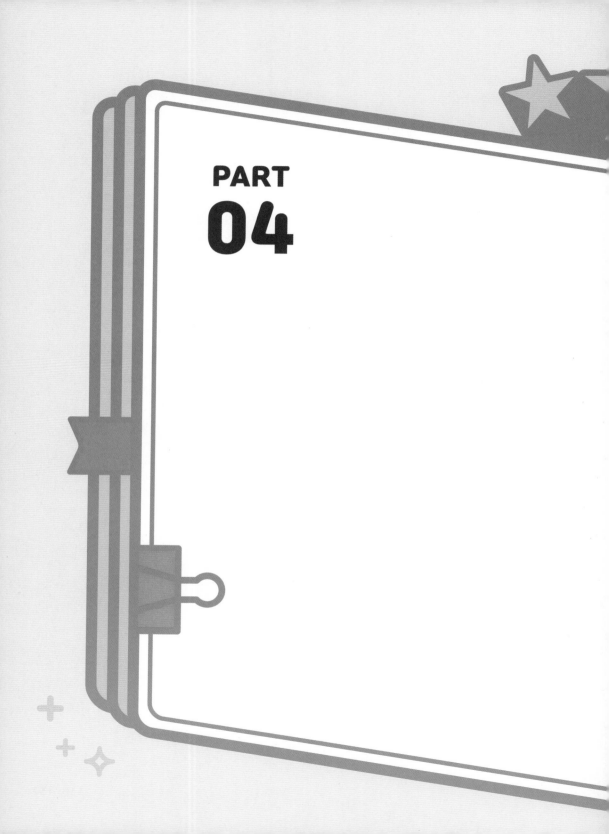

PART

04

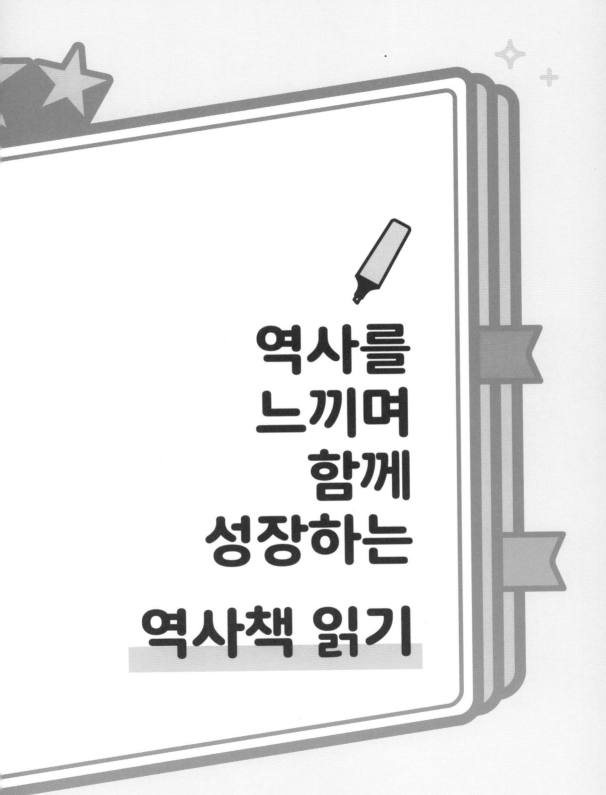

역사를
느끼며
함께
성장하는

역사책 읽기

역사책을 읽는 이유

독서 교실을 운영하다보면 이따금 역사만 따로 배울 수 있는지 묻는 전화를 받습니다. 그 이유는 초등 교과목에서 역사를 배우기 때문이라고 합니다. 하지만 주요 과목은 아니다보니 긴 시간을 투자하기 어렵고, 길어도 6개월 안에 마치고 싶다는 말씀도 덧붙입니다.

안타깝게도 저는 그 요구에 응해드리지 못합니다. 역사 지식을 전달하는 역사 선생님이 아니라 여러 책을 읽고 함께 나누는 독서 교사이기 때문입니다. 무엇보다 책 읽기로 역사를 단기간에 완성하기란 쉬운 일이 아니기도 합니다.

● 학습 도구가 되어버린 역사책

2018년 공무원 시험에서 한국사 문제가 도마에 오른 적이 있습니다. 논란이 된 것은 고려 후기 역사서의 연도를 묻는 문항이었습니다. 역사 관련 전문가들은 역사 공부의 본질을 훼손하는 매우 질이 낮은 문제라고 비난했습니다. 저는 그런 식의 문제가 낯설지 않습니다. 왜 알아야 하는지 모르는 단편적이고 지엽적인 문제를 학창 시절에 만났으니까요.

　많은 사람이 역사를 암기해야 하는 과목으로 인식합니다. 초등학교에서 역사를 가르치니 초등학생을 대상으로 한 역사책이 쏟아져 나오고 있으며, 이 때문에 어린이용 역사책은 학습을 위한 수단이 되었습니다. 다른 분야의 도서도 마찬가지지만 역사는 방대하고 어렵다는 인식 때문에 책을 통해 미리 학습하려는 경향이 강합니다.

● 살아갈 길을 찾아주는 역사책 읽기

　학습만을 목적으로 역사에 접근하면 많은 것을 얻을 수 없습니다. 수많은 사실이 나열된 역사책을 스스로 집어 들고 읽는 어린이는 드뭅니다. 역사책에 빠져 있는 어린이들도 대체로 어느 한 인물이나 사건, 한 시대를 집중적으로 봅니다. 공부나 시험을 목적으로 보는 게 아니라 알아가는 즐거움으로 보기 때문이지요.

　역사책을 즐겨 읽는 어린이들은 주로 인물의 삶에 관심이 있습니다. 역사 속 인물은 홀로 삶을 이끌어 나가지 않습니다. 인물 주변에는 우호적인 동료나 조력자가 있지만 반대로 갈등을 일으키는 사람도 있습니다. 이들이 모이면 사건이 일어나고 사건은 실패나 성공으로 귀결되지요. 그중 인류에게 의미가 있는 사건은 글로 기록되고 역사로 남습니다. 그래서 역사를 보면 사람을 이해하게 되고 사람이 만든 이 세계를 이해하게 되는 것입니다.

　이 세계에는 오늘을 살아가는 어린이가 있습니다. 인간은 누구나 살면서 '나는 누구이며, 어디에서 오고, 어디로 흘러가는지'를 고민하는 시기

를 맞이합니다. 그 궁금증을 풀기 위해 과거를 거슬러 올라가면 나의 미래를 조금씩 만들 수 있습니다. 『교과서 밖에서 배우는 역사 공부』(정은교 글 | 살림터)에서도 역사를 알아야 하는 이유를 '나의 뿌리를 알고 내가 살아갈 길을 찾기 위함'이라고 했습니다. 나와 주변을 탐구하면 인간을 이해하게 됩니다. 역사 선생님으로 널리 알려진 최태성 선생님이 '역사는 인간에 대해 이해하는 인문학'이라고 말씀하신 것도 같은 맥락이겠지요.

어린이들은 어른이 생각하는 것보다 훨씬 많이 자아와 세계를 궁금해합니다. 저도 여전히 저를 알아가는 부족한 인간이다보니 깊은 질문에 대답하기 쉽지 않을 때가 있습니다. 나이가 들어도 여전히 불안한 우리 어른들이 할 수 있는 일은 같이 역사책을 펼쳐드는 것이 아닐까 생각해봅니다.

적극적인 역사책 읽기

역사책을 읽기 전에 이야기책을 먼저 읽어야 합니다. 역사책에는 국가의 흥망성쇠도 있고 인간 간의 갈등도 담겨 있습니다. 나와 동떨어진 시대를 산 인물들의 심리와 갈등을 이해하기란 쉽지 않습니다. 그러나 이야기책을 통해 간접 경험을 해볼 수는 있지요. 다양한 이야기책을 접할수록 역사적 사건을 이해하고 바라보는 눈이 깊어진다는 점을 잊지 마세요.

● 역사 지식과 경험 얻기

역사를 이해하는 데 필요한 지식과 경험은 다음과 같은 과정에서 얻을 수 있습니다.

역사를 알기 위해 필요한 것			
①강의 듣기	②체험하기	③영상 시청	④시각 이미지

↓

역사책 읽기

① 강의 듣기

유튜브에서 쉽게 접할 수 있는 EBS 〈초등 스토리 한국사〉는 어린이들이 역사를 잘 이해하도록 제작된 프로그램입니다. 순서 상관없이 마음이 끌리는 영상부터 보면서 자연스럽게 그 시대의 앞뒤 상황을 찾아볼 수 있게 배려해주세요.

② 체험하기

역사 탐방이라는 이름으로 체험을 하는 어린이들이 많습니다. 유적지나 박물관을 다니는 일이 우리 가족의 자연스러운 나들이가 되면 어떨까요? 체험하기 전 다음의 과정을 거치면 좋습니다.

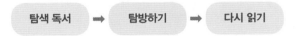

수원화성을 방문한다면 수원화성에 대한 책을 모두 모아봅니다. 정독하지 않더라도 손이 가는 대로 책의 읽고 싶은 부분을 탐색하며 읽습니다(탐색 독서 방법은 61쪽을 참고). 그다음 탐방을 다녀오고 다시 책을 읽는 다시 읽기를 해봅니다. 다시 읽기란 직접 눈으로 본 것과 책에서 알게 된 부분을 서로 비교해보며 정보를 확인해보는 것입니다. 다시 읽기를 하면 탐방 전후로 책을 읽는 게 어떤 의미가 있는지 어린이 스스로 깨달을 수 있습니다.

③ 영상 시청

애니메이션 등의 영상으로 역사를 알 수 있습니다. 지금은 영상을 피할 수 없는 시대입니다. 영상과 책을 함께 활용하면 긍정적 효과를 얻을 수 있습니다. 유튜브의 〈지니스쿨 역사〉는 애니메이션으로 부담 없이 보기 좋은 콘텐츠입니다.

④ 시각 이미지

시각 이미지는 탐방을 하면서 얻을 수 있습니다. 하지만 모든 곳을 다 탐방할 수 없기에 책을 통해 아는 것도 좋습니다. 다음은 '어린이 박물관' 시리즈로 역사 유물, 유적을 간접 체험할 수 있습니다.

어린이 박물관 시리즈

어린이 박물관:
즐거운 역사 체험
(웅진주니어)

어린이 박물관:
고구려
(웅진주니어)

어린이 박물관:
백제
(웅진주니어)

어린이 박물관:
신라
(웅진주니어)

어린이 박물관:
발해
(웅진주니어)

어린이 박물관:
조선
(웅진주니어)

마음을 울리는 역사책 찾기

역사책을 처음 접하는 어린이는 역사의 큰 줄기가 서술된 방대한 양의 통사책보다 인물 이야기나 삼국유사, 삼국사기 등을 먼저 읽으면 좋습니다. 그러다 자연스럽게 통사책을 보면 좋겠지만 정보량이 많아 고학년도 쉽게 읽지 못하는 경우가 있습니다.

무엇보다 수많은 사건과 사실의 나열은 어린이들에게 어떤 메시지를 주기 어렵습니다. 다시 말하면 어린이들 마음을 울려줄 '울림'이 없다는 뜻입니다. 그래서 내 마음을 울리는 역사책을 끊임없이 찾는 게 중요합니다.

● 마음을 울리는 역사책 소개

그림책인 『고인돌』(이미애 글, 홍기한 그림 | 웅진주니어)은 화순 고인돌 유적 중에 바둑판식 고인돌에서 모티브를 얻어 만든 이야기입니다. 전쟁으로 아버지를 잃은 소년이 아버지와의 추억을 회상하며 고인돌 위에 별자리를 새기는데요, 책을 덮고 나면 아버지를 잃은 아이의 슬픈 마음을 느낄

울림을 주는 역사책

고인돌
(웅진주니어)

나도 조선의
백성이라고!
(파란자전거)

나는 여성
독립운동가입니다
(상수리)

그 여름의
덤더디
(시공주니어)

*전쟁과 소년
(푸른나무)

꽃할머니
(사계절)

503호 열차
(샘터사)

내 이름은 이강산
(꿈초)

수 있습니다.

고인돌이 어느 시대 무덤인지 정답 찾기만으로 끝나는 단편적 역사 읽기가 아닌 마음으로 느끼는 역사 읽기는 생각보다 쉽습니다. 어린이들에게 이 그림책을 종종 읽어주고는 하는데 책장이 넘어갈수록 제법 진지하게 책을 느끼는 모습을 보곤 합니다.

『나도 조선의 백성이라고!』(이상각 글, 박지윤 그림 | 파란자전거)는 조선 여덟 천민의 이야기입니다. 통사책에서는 조선 천민의 삶을 세세히 다루어 주지 않고 간략히 설명합니다. 하지만 이야기책은 그들의 처지에서 하루하루를 보여주기 때문에 삶을 더 잘 이해할 수 있고 읽은 이의 마음에는

큰 울림이 남게 되지요. 이 책을 읽은 4학년 어린이는 천민의 삶을 진심으로 안타까워했습니다. 그리고는 조선을 다룬 통사책을 집어 들어 신분 제도 부분을 다시 읽어보기도 하였습니다.

『나는 여성 독립운동가입니다』(김일옥 글, 백금림 그림 | 상수리)는 2018년 국가보훈처 공적조서에 등재된 325인 여성 독립운동가들의 이야기를 담고 있습니다. 우리가 잘 알지 못했던 여성 독립운동가는 물론이고 군자금을 모으는 일이나 독립운동가를 양성한 일 등 독립운동의 범위가 얼마나 넓은지도 알 수 있습니다. 독립운동이라는 소재와 우리가 놓치기 쉬웠던 여성 운동가들의 이야기는 어린이들의 마음을 울리기 충분합니다.

『그 여름의 덤더디』(이향안 글, 김동성 그림 | 시공주니어)는 한국 전쟁을 배경으로 주인공 탁이가 키우던 소 덤더디를 지키려고 애쓰는 과정이 절절하게 담긴 책입니다. 아버지에게 들은 이야기를 바탕으로 썼다는 이 동화를 읽고 어린이들은 눈물을 흘렸다며 이렇게 많은 이를 아프게 한 한국 전쟁에 대해 궁금해했습니다. 그래서 스스로 다른 책을 찾아 읽었다는 어린이도 있었습니다. 마음에 울림이 있으니 스스로 찾아보게 된 것이지요.

사정이 있어 피난을 가지 못한 필동이네 이야기를 다룬 한국 전쟁 동화 『전쟁과 소년』(윤정모 글, 김정도 그림 | 푸른나무), 위안부 피해자 심달연 할머니의 증언을 토대로 만들어진 그림책 『꽃할머니』(권윤덕 글그림 | 사계절), 연해주 강제 이주 이야기를 다룬 『503호 열차』(허혜란 글, 오승민 그림 | 샘터사), 일제 강점기 창씨개명의 수모를 담은 『내 이름은 이강산』(신현수 글, 이준선 그림 | 꿈초) 모두 머리보다 마음을 울리는 동화입니다.

통사책 읽기를 어려워한다면 이러한 '메시지 있는 책 찾기'에 애써보면 좋겠습니다.

역사 동화책 함께 읽기

앞에서 '마음을 울리는 역사책 찾기'에 대해 말씀을 드렸지요. 이번에는 역사 동화책 읽는 법을 이야기하고자 합니다. 간혹 어른들은 역사에 관심이 없거나 통사책이 어렵다고 말하는 어린이들에게 이야기로 엮어낸 역사 동화책을 권합니다. 이야기책은 줄거리를 따라가며 읽기 때문에 통사책보다 쉽게 내용을 받아들일 수 있다고 생각해서입니다.

그러나 이 생각은 반은 맞고 반은 틀립니다. 스토리를 즐기면서 읽는 차원으로 접근하면 역사 동화책이 쉬워 보이는 것은 사실입니다. 그러나 역사 용어와 역사 배경 지식이 충분하지 않다면 절반만 이해할 수 있는 것이 역사 동화이기도 합니다.

『어린 임금의 눈물』(이규희 글, 이정규 그림 | 주니어파랑새)을 읽은 6학년 민서는 "재미있지만 어렵다."라는 말을 해서 저와 함께 어린 단종의 이야기를 찾아보고 나서야 책을 더 이해할 수 있었습니다.

많은 어린이가 역사 동화책을 읽은 후 '재미있

기는 한데 무슨 소리인지 모르겠다', '어렵지만 재미있다'라고 합니다. 저는 이 말을 충분히 이해합니다. 등장인물들이 펼쳐가는 스토리가 재미있음에도 정확한 배경 지식이 부족하니 손에 잡히지 않는 비눗방울과 노는 느낌이겠지요. '어렵다'와 '이해가 되지 않는다'에 해당하는 부분을 알려주면 어린이들은 훨씬 더 책을 잘 이해하게 됩니다.

● 왕 관련 용어 이해하기

'왕'이 등장하는 역사 동화책을 읽을 때는 용어 이해가 필수입니다. 그중에서도 조선을 배경으로 하는 이야기는 왕과 왕을 둘러싼 인물, 왕실에 대한 이해가 부족해 읽기 힘든 경우가 많습니다. 그럴 때는 『경복궁에서의 왕의 하루』(청동말굽 글, 박동국 그림 | 문학동네)를 먼저 읽으면 배경 지식을 확보할 수 있습니다.

그 다음은 왕과 왕실과 관련된 용어, 그중에서도 왕과 관련된 인물을 나타내는 말에 대한 이해가 필요합니다. 어른들은 모르는 용어가 있을 때 사전을 찾아보라고 하지만 어린이들은 책 읽는 흐름을 놓칠까봐 사전을 찾지 않습니다. 그럴 땐 도움 단어를 제시해주는 것이 좋습니다. 다음 용어는 왕과 왕의 주변 인물을 칭하는 말입니다. 이 표를 책갈피로 만들어 주면 해당 용어가 나왔을 때 책갈피를 보고 바로 이해할 수 있습니다.

왕과 인물들	
공주	왕비가 낳은 딸
왕후	왕의 본부인
후궁	왕의 첩
왕세자	왕위를 이을 왕자
세손	왕세손의 줄임말
선왕	선대의 임금
군	후궁이 낳은 아들
부마	임금의 사위
옹주	후궁이 낳은 딸
중전	왕비를 높여 이르는 말
세자	왕세자의 줄임말
세자빈	왕세자의 부인
왕세손	왕세자의 맏아들
대군	왕비가 낳은 아들
대비	왕의 어머니
부원군	왕비의 친아버지

● 시대 배경 이해하기

시대 배경을 이해하는 가장 좋은 방법은 책을 읽기 전 미리 정보를 검색하거나 역사책을 읽어 배경 지식을 알아두는 것입니다. 그러나 어린이들이 실제로 그렇게 하는 경우는 드뭅니다. 보통은 스토리의 재미를 느끼고 싶어 책부터 펼치니까요.

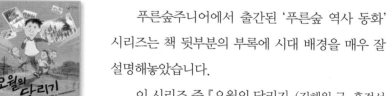

푸른숲주니어에서 출간된 '푸른숲 역사 동화' 시리즈는 책 뒷부분의 부록에 시대 배경을 매우 잘 설명해놓았습니다.

이 시리즈 중 『오월의 달리기』(김해원 글, 홍정선 그림 | 푸른숲주니어)는 1980년 5월 18일 광주 민주

화 운동을 배경으로 한 이야기입니다. 어린이들과 이 책을 읽은 후 부록에 실린 광주 민주화 운동에 대한 내용을 연도별로 정리하니 이야기를 더 잘 이해할 수 있었습니다. 이해가 되니 감동도 더 짙게 느낄 수 있었고요.

책을 다 읽은 후 시대 배경을 짐작할 수 있는 인물의 대사를 찾아 밑줄을 그어보는 것도 좋습니다. 역사 동화책은 이야기가 진행되는 과정에서 인물의 대사를 통해 수시로 시대 상황을 서술해줍니다. 하지만 어린이들은 사건의 발생과 경과를 중심으로 책을 읽기 때문에 이런 부분을 놓치기 쉽습니다. 책을 다 읽은 후 시대 상황을 알 수 있는 인물의 대사를 적극적으로 찾아보게 하면 내용을 더 잘 이해할 수 있습니다.

다음은 『서찰을 전하는 아이』(한윤섭 글, 백대승 그림 | 푸른숲주니어)에 수록된 내용입니다. 인물의 대사를 잘 보면 시대 상황을 알 수 있습니다. 동학 농민군을 잡기 위해 조선 조정에서 청을 불러들였다, 이를 안 일본 군대가 청을 견제하기 위해 조선에 왔다는 내용으로 정리가 됩니다.

"제 나라 백성 죽이자고 청나라 군대를 불러온 임금과 신하들이 문제지."
듣고 있던 주막 주인도 한마디 거들었다.
"그런데 왜 일본 군대와 청나라 군대가 싸워요?"
내가 물었다.
"조선이 임자 없는 떡이라 그렇다. 둘이서 더 먹으려고 싸우는 것이다. 동학 농민군을 잡자고 조선 조정에서 청을 불렀으니, 일본군도 움직인 거지. 일본은 청나라 혼자 조선에서 힘을 쓰게 놔두지 않겠다는 거다."

● 허구 인물과 실존 인물 구분

용어와 시대 배경을 통해 역사를 이해했다면 조금 더 들어가 허구 인물과 실존 인물을 구분해보는 것도 좋습니다.

역사 동화책은 역사를 소재로 한 픽션입니다. 실존 인물만 등장하는 동화책도 있지만 이야기의 흥미를 위해 허구 인물을 등장시키는 경우도 있습니다. 물론 픽션이기 때문에 등장하는 모든 인물이 허구인 경우도 있지요. 실존 인물과 허구 인물이 같이 등장하는 경우에는 사실 확인을 위해 구분해볼 필요가 있습니다.

실존 인물	허구 인물
김덕령	누이

아래는 『조선의 영웅 김덕령』(신동흔 글, 김용철 그림 | 한겨레아이들)의 주인공인 김덕령에 대해 정리해본 내용입니다. 책에는 덕령이 누이가 있다고 나오는데 실제로는 형이 있었다는 사실을 알 수 있지요. 종이에 등장인물을 쭉 적어보고 검색을 통해 실존 인물인지 허구 인물인지 알아볼 필요가 있습니다.

김덕령(1567~1596년)은 광주의 어느 가난한 선비 집안에서 태어났다. 임진왜란이 일어나자 친형과 함께 의병을 일으켜 왜적과 싸웠다. 아버지가 돌아가신 후 다시 의병을 일으켜 선조에게 높은 직책을 받기도 했다. '익호 장군', '초승 장군'이라는 군호를 받았고 진주로 내려가 의병장으로 활약했다. 하지만 신하들의 모함으로 체포되어 고문을 당하다 옥사하고 말았다. 죽은 후 병조참의에 추종되었다.

● 인물 대립 토론

허구 인물, 실존 인물 찾기까지 완료했다면 인물 대립 토론을 해보세요. 동화 속에 등장하는 대립 인물을 찾아 각각의 입장이 되어 대화를 나누어 보는 것입니다.

『명혜』(김소연 글, 장호 그림 | 창비)는 개화기를 배경으로 신여성의 이야기를 다룬 동화책입니다. 의사가 되고 싶은 주인공 명혜는 전형적인 봉건주의 사상을 가진 아버지와 대립합니다. 그럼에도 공부하고자 하는 의지를 버리지 않았으며 오빠의 죽음을 계기로 가족의 인정을 받고 미국 유학길에 오릅니다.

이 책을 읽고 6학년 어린이들과 각각 명혜 입장, 아버지의 입장이 되어 토론을 해보았습니다. 각 인물의 대사를 찾아 서로 마주 앉아 그대로 낭독해도 좋고, 책에 서술된 인물의 입장을 참고해서 그 인물이 된 것처럼 대화를 나누어도 좋습니다. 인물에 대한 깊은 이해는 물론 논리성도 키울 수 있는 활동입니다.

● 주인공의 변화 살펴보기

마지막으로 주인공의 변화를 살펴보겠습니다. 역사 동화는 성장 동화이기도 하여 주인공 개인의 사연과 성장을 다룹니다. 그래서 역사 동화책을 읽는 어린이들은 성장하기 위해 도전을 하고 그 과정에서 힘을 얻게 되

지요. 『책과 노니는 집』(이영서 글, 김동성 그림 | 문학동네)을 예로 들어 주인 공이 어떻게 변화했는지 적어보았습니다.

원래의 주인공	어떻게 변했나요?
필사쟁이 아버지를 잃고 혼자가 되었다. 최서쾌의 집에서 살게 되었으나 의지할 곳 없이 외로운 날들을 보냈다.	홍교리와의 만남을 통해 필사쟁이의 꿈을 키워가며 더 나은 미래를 향해 발을 내딛게 된다.

지금까지 소개한 활동을 어린이 스스로 책을 읽으며 생각해볼 수 있도록 '역사 동화 생각 카드'를 책갈피로 만들어주면 어떨까요?

역사 동화 생각 카드

인물들의 대사나 내용을 보면 어떤 시대일 것이라고 짐작하나요?

이 책에 등장하는 인물 중 실존 인물과 허구 인물은 누구일까요?

주인공은 어떤 갈등을 겪고 있나요?

친구와 짝을 이루어 각각 대립되는 역할을 맡고 자신의 입장이나 주장을 근거를 들어 말해보세요.

주인공은 어떻게 변화했나요?

이 책을 읽고 인물에 대한 내 생각을 말하거나 소감을 말해보세요.

● 역사 동화책 읽고 생각 정리하기

역사 동화책을 재미있게 읽었다면 지금까지 안내한 점을 고려하여 내용과 생각을 정리해보겠습니다.

✪ 활동 방법

1. 책 제목, 지은이, 출판사를 씁니다.

2. 3가지 기준으로 별점을 매겨봅니다. 역사 동화책이 이야기책이라는 점을 고려하여 재미도와 감동에 따른 별점을 주고, 역사를 알 수 있는 책이기도 하니 역사에 어느 정도 관심이 생겼는지도 표시해줍니다.

3. 생각 정리 내용 6가지 중 쓰고 싶은 것 4가지를 골라 번호를 쓰고 내용을 정리합니다.

✪ 활동 목적

1. 역사 동화책을 읽는 기준을 배울 수 있습니다.

2. 역사 지식도 얻을 수 있습니다.

✪ 참고 사항

1. 6가지 영역 중에서 4가지를 골라서 쓰는 이유는 어린이들에게 쓰기의 자유를 주기 위해서입니다. 모두 쓰는 것보다 정말 쓰고 싶은 것을 골라 쓰도록 배려하면 마음을 열고 더 적극적으로 쓸 수 있습니다.

2. 읽은 동화책의 특징에 따라 ①～⑥ 중 꼭 정리가 필요한 내용이 있다면 무엇을 쓸지 지정해주세요.

역사 동화책 생각 정리 카드

책 제목			
지은이		출판사	

별점

재미 ☆ ☆ ☆   감동 ☆ ☆ ☆   역사 관심도 ☆ ☆ ☆

생각 정리 내용

①역사 시대 배경을 알 수 있는 인물의 대사	②인물의 대사를 바탕으로 역사 배경 정리
③주인공이 겪고 있는 갈등	④주인공과 대립되는 인물 소개(인물의 입장)
⑤주인공의 변화와 성장	⑥역사적 사건이나 인물에 대한 내 생각이나 의견, 소감

위 6개 문항 중 쓰고 싶은 것 4개를 골라 왼쪽 칸에 번호를 쓰고 해당 내용을 쓰세요.

통사책 쉽게 읽기

사전에는 '통사'의 뜻을 '시대를 한정하지 아니하고 전 시대와 전 지역에 걸쳐 역사적 줄거리를 서술하는 역사 기술의 양식. 또는 그렇게 쓴 역사'라고 기록했습니다. 한 사람의 생애를 정리해도 책 1권으로 부족한데, 전 시대와 전 지역에 걸쳐 일어난 인류의 이야기는 얼마나 방대할까요? 역사를 처음 접하거나 크게 관심이 없는 어린이라면 1~2권 정도로 구성된 통사책을 권합니다.

● **역사 용어 알기**

모르는 어휘로 가득 찬 책은 쉽게 읽을 수 없습니다. 그러니 역사를 처음 읽는 어린이들에게 통사책은 거의 외계어로 가득한 책이라고 봐도 무방합니다. 이런 경우 어린이들이 먼저 알아야 할 것은 '역사 용어'입니다.

『이해력이 쑥쑥 교과서 역사 용어 100』(김도연 글, 이용규 그림 | 아주좋은날)은 제목처럼 역사 용어 100개가 소개된 책입니다. 역사 용어책을 혼

자 정독하는 어린이는 많지 않기 때문에 퀴즈를 내주면서 자연스럽게 익히는 것이 좋습니다. 112쪽 사회 용어 퀴즈 놀이를 참고해주세요.

● 읽기 기준 제시하기

책마다 조금씩 다르지만 통사책에는 대체로 지도, 연표, 문화재, 그림, 사진 등이 골고루 실려 있습니다. 이런 책을 읽을 때 어린이들은 눈에 들어오는 것 중심으로만 읽을 수 있으므로 읽기 기준을 제시하는 것이 좋습니다. '다 읽었으면 이제는 지도를 조금 더 유심히 보자', '문화재를 좀 더 살펴볼까?', '사진을 정확히 보자' 등의 제안을 해서 각 요소를 하나씩 집중적으로 보게 하는 것입니다.

저는 어린이들이 조금 더 적극적으로 통사책을 읽을 수 있게 시중에서 쉽게 구할 수 있는 가벼운 '책갈피 돋보기'를 줍니다. 책갈피 돋보기마다 무엇을 봐야 하는지 써 주어서 읽기 기준을 제시하는 것이지요.

어린이들은 지도를 볼 때도 무엇을 어떻게 보아야 하는지 잘 모릅니

다. 실제로 역사 지도를 보는 법은 제법 까다롭습니다. 그럴 때는 온라인에서 살 수 있는 '반투명 스티키 노트'를 지도 위에 붙여 따라 그리게 하거나 '한국지도 투명 점착메모지'를 옆에 붙이고 옮겨 그리게 해도 좋습니다.

● 통사책 한 장 정리

통사책에 수록된 지도, 연표, 문화재, 그림, 사진을 어린이가 스스로 정리해보는 활동을 알려드리겠습니다.

예시를 보여주기 위해 『유쾌발랄 역사 지도』(이근호 · 백초이 글, 정순임 그림 | 니케주니어)의 70~71쪽 내용을 토대로 '오늘의 역사 돋보기'를 작성했습니다.

✪ 활동 방법

1. 읽은 책의 제목, 해당 페이지를 씁니다.

2. 읽은 부분의 사건이 일어난 연도와 주요 사건을 한 문장으로 씁니다.

3. 읽은 부분에서 핵심이라고 생각되는 역사적 사건을 하나 씁니다(기사문 등의 형식으로 바꾸어 써도 좋습니다).

4. 핵심적인 인물 한 사람을 고르고 자기 소개를 하듯 인물의 특징을 씁니다.

5. 대부분의 통사책은 한 단원이 끝나고 난 뒤 유물이나 문화재를 소개해줍니다. 그중 하나를 찾아 그림을 그리거나 사진을 찾아 붙이고 설명을 씁니다.

6. '역사지도'에는 핵심 사건을 지도에 표시합니다.

✪ 참고 사항

1. 1권의 통사책을 읽고 쓰는 게 아니라 '한 꼭지' 정도만 읽고 하는 활동입니다.

오늘의 역사 돋보기

『유쾌발랄 역사 지도』
책 제목 : (이근호·백초이 글, 정순임 그림 | 니케주니어)　　　　　페이지 : 70~71쪽

연도 : 1198년　　　　　주요 사건 : 만적과 노비들이 난을 일으켰다.

역사 사건

문벌 귀족 때문에 힘들었던 백성들은 무신을 믿었지만 그들도 백성의 편이 되지 못했다. 그러다 망이와 망소이라는 사람은 봉기를 일으켰다. 개경에서는 노비들도 들고 일어났다. 앞장선 이는 만적이었다. 봉기는 차별로 끝났지만 차별이 잘못되었다고 말한 만적의 모습은 고려의 성장을 보여주기도 한다.

역사 인물

나는 고려 노비야!
차별이 너무 심해 봉기를 일으켰지만 죽고 말았지.
게다가 강물에 던져지다니…
하지만 나는 나와 다른 노비들의 행동을 후회하지 않아!

우리 유물과 문화재

고려청자
원래 중국에서 전해졌지만 고려 사람들이 더 아름답게 만들었다. 상감 기법이 뛰어나다.
이미지 출처: 국립중앙박물관

역사 지도

1198
만적의 난

1176
망이·
망소이의 난

오늘의 역사 돋보기

책 제목 :   페이지 :

연도 :   주요 사건 :

역사 사건

역사 인물

우리 유물과 문화재

역사 지도

쏙쏙 골라 읽는 역사책
64권&독서 기록장 쓰기

어린이 역사책은 여러 종류입니다. 통사책을 기본으로 하여 인물사, 생활사, 문화사 등이 있습니다. 통사책은 어린이라는 독자를 고려해 최대한 쉽게 설명을 하고 있지만 기본적으로 정치사이기 때문에 어려운 부분이 있을 수밖에 없습니다. 그래서 '옛날 사람들은 어떻게 살았을까?'의 관점으로 친근하게 접근한 생활사, 스토리로 서술이 가능하여 비교적 쉽게 읽을 수 있는 인물사, 유물이나 문화재가 입체적인 느낌으로 다가와 흥미롭게 펼쳐볼 수 있는 문화사 등의 책이 있습니다. 여기에서는 이런 다양한 책을 살펴보고 간단하게 독서 기록장 쓰는 방법을 알아보겠습니다.

● **다양한 역사책 소개**

『이상희 선생님이 들려주는 인류 이야기』(이상희 글, 이해정 그림 | 우리학교)는 고인류학 박사가 인류의 기원과 진화를 풀어 설명해주는 이야기로 역사의 흐름이 궁금해질 때 읽으면 좋습니다.

『왕! 왕! 으뜸 왕 이야기』(조영남 글, 이윤지 그림 | 소야)는 역대 왕들의 이야기를 시로 표현한 책으로 낭송하기 좋습니다.

『우리 역사 노래 그림책』(이흔 글, 김소희 그림 | 나는별)은 노래를 통해 역사 지식을 재미있게 익혀볼 수 있는 책입니다.

역사 지도는 주요 사건의 발생지나 흐름, 대외 관계 등을 알 수 있어 중요한 자료이기 때문에 『지도로 만나는 우리나라 역사』(신정현 글, 조경규 그림 | 뜨인돌어린이)처럼 선명한 지도가 담긴 역사책을 읽으면 좋습니다.

『돌멩이랑 주먹도끼랑 어떻게 다를까?』(김경선 글, 이다 그림 | 시공주니어)는 국립중앙박물관 역사관에 있는 유물을 소개하고 있습니다. 박물관의 유물 관람 순서대로 소개하고 있어 어린이들이 박물관을 견학하는 기분으로 읽을 수 있습니다.

여러 유물을 아는 것도 중요하지만 해외에 반출된 우리 문화재에 관심을 기울이는 것도 필요합니다. 『외규장각 의궤의 귀환 문화영웅 박병선』(조은재 글, 김윤정 그림 | 스코프)과 같은 책을 읽어보면 문화재 환수의 의미에 대해 생각해볼 수 있습니다.

어린이들은 나라의 흥망성쇠를 다룬 거시적 관점의 통사책보다 친근한 역사 인물책에 관심이 더 많습니다. 인물 사전류의 책부터 『삼국스타실록』(서지원 글, 순미 그림 | 상상의집)처럼 콘셉트가 돋보여 어린이들의 관심을 끌기 충분한 책까지 관심도에 따라 골라 읽어보면 좋겠습니다. 다른 책에서는 특정 인물을 어떻게 소개하는지 찾아보는 활동을 하면 더 즐겁게 책을 읽을 수 있습니다.

통사책은 『유쾌발랄 역사 지도』(이근호·백초이 글, 정순임 그림 | 니케주니어)처럼 단권으로 된 책 3권과 2권으로 구성된 『용선생 교과서 한국사 1~2』(사회평론 역사연구소 글, 뭉선생 그림 | 사회평론)를 소개합니다.

마지막으로 역사 동화책은 36권을 수록하였으니 어린이 스스로 제목과 표지 느낌, 간단한 소개 등을 보고 책을 고르게 해보세요.

● 역사 동화책 독서 기록장 쓰는 방법

역사 동화책은 큰 범위의 이야기책이어서 등장인물이 중요합니다. 주인공을 포함하여 3~5명 정도 기록하게 해주세요. 역사 용어도 5개 정도 찾아서 기록하면 읽을 때 놓쳤던 부분을 되짚어 볼 수 있습니다. 역사 동화책 속의 사건은 시대적 배경을 바탕으로 일어났기 때문에 시대 배경이 중요합니다. 시대 배경을 드러내는 인물의 대사나 글을 기록하면 시대 배경을 생각해볼 수 있습니다. 대사를 쓸 때는 따옴표나 온점, 물음표 등의 문장부호도 함께 쓰면 인물의 감정을 생생하게 느낄 수 있습니다. 마지막으로 역사 동화의 주인공은 시대적 배경과 사건에 따라서 변화하는 인물이기 때문에 어떤 이유로 어떻게 성장했는지 기록하는 게 좋습니다.

등장인물이 책을 읽는 어린이와 비슷한 연령이라면 공감할 수 있는 부분은 더욱 커집니다. 주인공과 대화하는 마음으로 역사 동화책을 읽고 독서 기록을 하며 날마다 더 성장하고 행복하길 바라는 마음입니다.

역사 동화책 독서 기록장

역사 느끼며 책 읽기 ★ 시대 배경 기록하기 ★ 주인공과 성장하기

읽은 날	책 제목	지은이	등장인물 이름 쓰기(3~5명)
월 일			
☺ 한 줄 댓글			

읽은 날	책 제목	지은이	역사 용어 쓰기(5개 이상)
월 일			
☺ 한 줄 댓글			

읽은 날	책 제목	지은이	시대 배경을 말해주는 인물 대사 쓰기
월 일			
☺ 한 줄 댓글			

읽은 날	책 제목	지은이	시대 배경을 말해주는 바탕글 쓰기
월 일			
☺ 한 줄 댓글			

읽은 날	책 제목	지은이	주인공의 변화 / 성장 쓰기
월 일			
☺ 한 줄 댓글			

● 통사책 독서 기록장 쓰는 방법

통사책을 읽은 후에도 스스로 내용을 정리할 수 있도록 도와주세요. 그래야 깊이 이해할 수 있고 무심코 넘겼던 부분을 다시 생각해볼 수 있으니까요.

그럼 통사책을 읽은 후에는 어떻게 정리하면 좋을까요? 통사책은 사건을 만들어가는 인물이 등장하므로 나온 사람들 이름을 2~3명 정도 씁니다. 주로 나라와의 사건을 다루기 때문에 나라 이름도 씁니다. 읽은 부분에 나오는 역사적 사건도 간단히 설명합니다. 그리고 역사 용어 3개 이상, 소개된 역사 유물이나 문화유산을 씁니다.

통사책은 전 시대의 역사가 모두 기록된 책이므로 1권을 다 읽고 독서 기록을 하기 어렵습니다. 따라서 시대별로 나누어서 읽고 기록하면 조금 더 편리하게 내용을 이해할 수 있습니다. 예를 들어 '고려 시대'만 읽고 그 시대의 특징 중 하나를 골라 독서 기록을 합니다. 고려 시대도 범위가 넓다면 고려 시대에 있었던 '무신의 난'처럼 특정 사건을 골라 기록해도 됩니다.

통사책 독서 기록장

역사 느끼며 책 읽기 ★ 통사책 기록하기 ★ 역사 사건 정리하기

읽은 날	책 제목	지은이	나온 사람 이름 쓰기(2~3명)
월 일			
😊 한 줄 댓글			

읽은 날	책 제목	지은이	등장한 나라 이름 쓰기
월 일			
😊 한 줄 댓글			

읽은 날	책 제목	지은이	역사 사건 설명하기
월 일			
😊 한 줄 댓글			

읽은 날	책 제목	지은이	역사 용어 쓰기(3개 이상)
월 일			
😊 한 줄 댓글			

읽은 날	책 제목	지은이	역사 유물, 문화유산 쓰기
월 일			
😊 한 줄 댓글			

쏙쏙 골라 읽는 역사책 64권			
다양하게 만나는 역사책			
이상희 선생님이 들려주는 인류 이야기 (우리학교)	왕! 왕! 으뜸 왕 이야기 (소야)	우리 역사 노래 그림책 (나는별)	지도로 만나는 우리나라 역사 (뜨인돌어린이)
역사 유물, 문화유산			
실물크기 유물로 보는 역사 도감 (나는책)	유물로 보는 새로운 역사 (아이앤북)	우리 유물 이야기 (웃는돌고래)	돌멩이랑 주먹도끼랑 어떻게 다를까? (시공주니어)
빛나는 유네스코 우리 유산 세트 1~15 (웅진주니어)	문화재를 지킨 사람들 (책과함께어린이)	문화재 이름도 모르면서 (나는책)	간송 선생님이 다시 찾은 우리 문화 유산 이야기 (샘터사)
외규장각 의궤의 귀환 문화영웅 박병선 (스코프)	왕과 함께 펼쳐 보는 조선의 다섯 궁궐 (그린북)	문화재는 왜 다른 나라에 갔을까 (풀빛미디어)	어린이 박물관: 즐거운 역사 체험 (웅진주니어)
역사 인물책			
교과서에 나오는 역사 인물 사전 (세종주니어)	말랑말랑 동시로 시작하는 초등 인물 한국사 (개암나무)	아하! 그땐 이런 인물이 있었군요 (주니어김영사)	역사를 바꾼 우리나라 외교관들 (해와나무)
삼국스타실록 (상상의집)	조선스타실록 (상상의집)	독립운동 스타실록 (상상의집)	근대 인물이 납신다 (위즈덤하우스)
통사책			
단숨에 읽고 박식하게 깨치는 한국사 (주니어중앙)	유쾌발랄 역사 지도 (니케주니어)	역사야, 나오너라! (푸른숲주니어)	용선생 교과서 한국사 1~2 (사회평론)
역사 동화책			
여자 어린이가 주인공인 역사 동화책			
명혜 (창비)	나는 비단길로 간다 (푸른숲주니어)	댕기머리 탐정 김영서 (뜨인돌어린이)	꽃신 (주니어파랑새)
책 읽어주는 아이 책비 (파란정원)	담을 넘은 아이 (비룡소)	몽실 언니 (창비)	맨발의 탐라 공주 (푸른숲주니어)

조선의 마지막 왕녀 덕혜옹주 (주니어단디)	울음으로 길 밝히는 곡비 (파란정원)	옹주의 결혼식 (푸른숲주니어)	열두 살의 임진왜란 (아울북)
덕이의 행주대첩 (푸른숲주니어)	길 위의 길 (머스트비)	가야의 여전사, 마들 (꿈초)	붉은 보자기 (파랑새)

남자 어린이가 주인공인 역사 동화

문신의 나라 무신의 나라 (푸른숲주니어)	그 여름의 덤더디 (시공주니어)	내 이름은 이강산 (꿈초)	책 깎는 소년 (파란자전거)
조선 과학수사관 장 선비 (파란자전거)	시간의 책장 (만만한책방)	어린 임금의 눈물 (주니어파랑새)	사월의 노래 (스푼북)
첩자가 된 아이 (푸른숲주니어)	서찰을 전하는 아이 (푸른숲주니어)	너의 운명은 (푸른숲주니어)	초정리 편지 (창비)
다림방 글방 (머스트비)	1930, 경성 설렁탕 (머스트비)	오월의 달리기 (푸른숲주니어)	책과 노니는 집 (문학동네)
사라진 조우관 (사계절)	5월, 그 푸르던 날에 (단비어린이)	어린 만세꾼 (사계절)	돌 던지는 아이 (사계절)

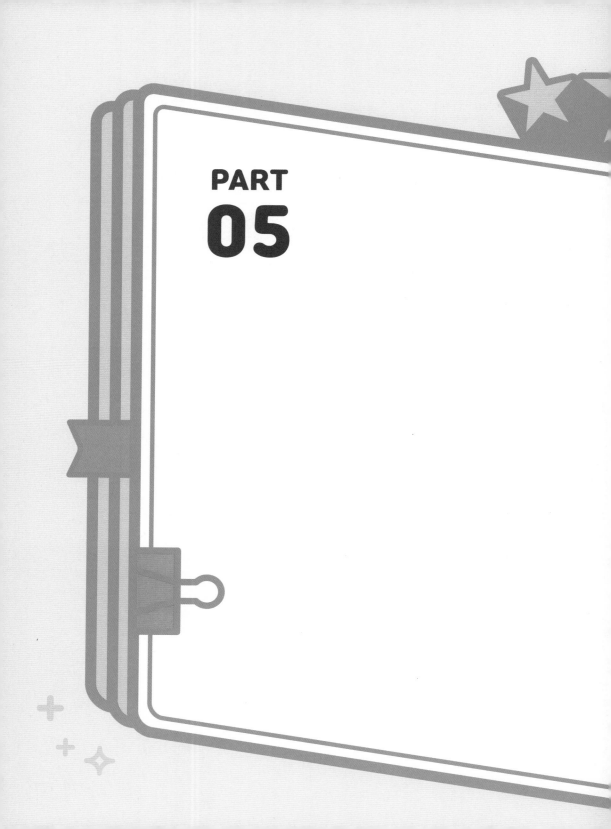

PART

05

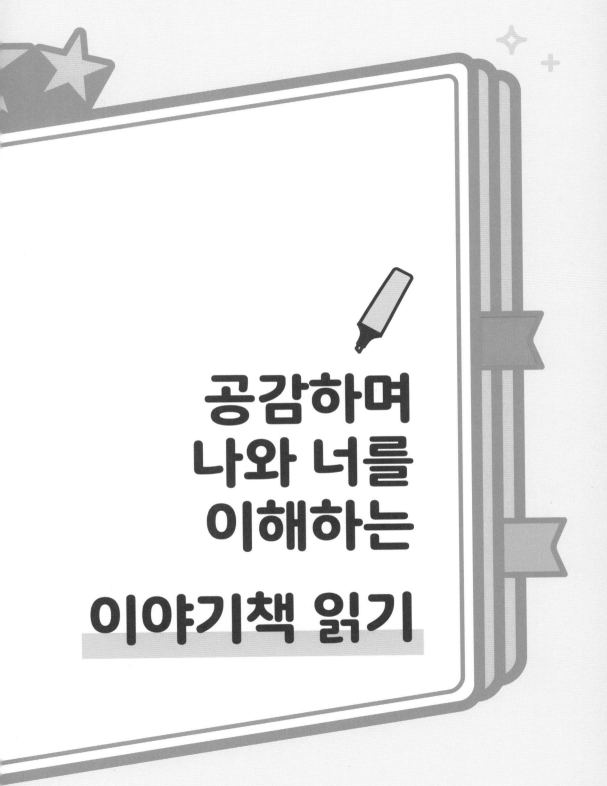

공감하며
나와 너를
이해하는

이야기책 읽기

이야기책을 읽는 이유

『빨강 연필』(신수현 글, 김성희 그림 | 비룡소)을 읽고 수업하는 날 열두 살 정석이는 유난히 말이 많았습니다. 이야기책을 읽고 수업하는 날 말이 많다는 것은 이야기의 서사나 등장인물이 어린이의 내면 어느 부분과 깊이 맞닿았다는 뜻입니다. 이 책의 주인공인 민호의 부모님은 사이가 좋지 않습니다.  그로 인해 마음의 상처가 있는 민호에게 어느 날 어떤 글이든 술술 써지는 빨강 연필이 생깁니다. 민호는 이 연필로 글짓기 상도 타고 비밀 일기장에 속마음도 털어놓습니다. 연필 덕분에 글 쓰는 재미도 느끼게 되었고요. 그러던 어느 날 가족을 주제로 한 글짓기에서 민호는 가족이 화목한 것처럼 꾸며 글을 쓰게 됩니다. 시간이 흐르면서 반 친구들은 민호의 글을 의심하게 되고 민호는 고민 끝에 빨강 연필을 버리기로 합니다.

빨강 연필을 통해 민호는 성장했습니다. 거짓으로 쓴 글을 칭찬받을 때 남몰래 힘들어 했고 이로 인해 사람은 진심을 말해야 한다는 것을 배웠습니다. 민호는 친구 수아의 유리 천사를 깬 것을 숨기려다 솔직히 말하며 사과했고 원망스러웠던 아빠에게 전화를 걸 용기도 얻었습니다.

● **삶을 걷게 하는 힘**

민호의 가정은 정석이의 가정과 닮아 있었습니다. 아빠가 집을 나가진 않았지만 퇴근 후엔 늘 방에서 게임을 하며 집안의 대소사에 관여하지 않았습니다. 어느 날 "아빠가 엄마를 사랑하지 않는 것 같다."는 엄마의 말을 들은 정석이는 아빠가 미워졌다고 했습니다.

태도도 바르고 공부도 곧잘 했던 정석이는 자신이 공부를 열심히 하는 이유가 가정 환경 때문이라고 말했습니다. 부모님이 이혼하는 게 낫지 않은가 고민하면서도 한편으로는 자신이 공부를 열심히 해야 안정적인 가정이 되지 않을까 생각했다고 했습니다.

민호의 상황을 읽으면서 자신의 이야기를 풀어낸 정석이는 후련함을 내비치었습니다. 부모님이 싸울 때 느꼈던 외로움을 절절히 담아 쓴 시를 저에게 건네주면서 "여기에 오면 내가 별소리를 다 한다니까."라며 머쓱해했습니다.

마음을 건드리는 이야기책을 만나면 아이들은 평소보다 더 상기된 모습으로 자기 이야기를 풀어냅니다. 나와 같은 고민을 가진 인물, 나와 비슷한 사연을 가진 인물, 나와 같은 꿈을 갖고 미래를 향해 가는 인물, 나처럼 실수 많고 부족하지만 자기를 긍정하며 살아가는 인물을 만날 때 어린이들은 무한한 위로와 응원을 받습니다.

내가 가진 고민을 진지하게 보고 내 안의 슬픔과 아픔을 딛고 일어설 힘을 얻게 하는 것, 때로는 선연해지는 상처를 직시할 용기를 얻고 발돋움

하여 한걸음 더 나아갈 수 있게 하는 것, 그것이 바로 이야기책이 주는 힘이자 읽어야 하는 이유입니다. 가공된 인물이지만 나와 비슷한 삶을 살아가는 인물이 또 있다는 사실만큼 살아갈 힘을 주는 것이 있을까요.

● **건강한 어른이 되기 위하여**

이야기책 속의 어른들은 위인전의 주인공처럼 완벽하거나 대단하지 않습니다. 어린이들이 자기 나이의 고민을 안고 살아가고자 애쓰듯이 어른들 또한 불확실한 세상 속에서 불안을 극복하며 살아가려 애쓰는 사람들입니다. 이야기책에는 어린이들에게 삶의 지침을 일러주고 함께 성장해가는 어른도 등장하지만 때로는 어린이들에게 해를 가하거나 미숙한 어른도 등장합니다.

가상의 대정전 사태 7일간의 이야기를 담은 『블랙 아웃』(박효미 글, 마영신 그림 | 한겨레아이들)에 등장하는 어른들은 자기만 살겠다고 아이들만 있는 집에 가서 쌀을 요구하거나 겨우 사 온 음식물을 빼앗아 가는 등 어린이들을 철저히 외면하는 이기적인 모습을 보입니다. 임대 아파트에 사는

친구와 놀지 말라 하고 살고 있는 아파트 단지로 외부인이 들어오지 못하게 철문을 설치하는 어른들의 모습은 『절대 딱지』(최은영 글, 김다정 그림 | 개암나무)에서 볼 수 있습니다.

어린이들에게 이기적인 어른, 상처받은 어른 등 다양한 어른의 이야기를 경험하게 하는 것도 이야기책을 읽는 과정에서 가능한 일입니다. 어린이들이 어른들의 삶을 들여다본다면 어른을 이해하는 힘을 가질 수 있습니다. 이런 힘을 가진 어린이가 건강한 어른이 되는 것이고요.

● **세상에 질문하는 힘**

이 세상에 질문을 던지려면 이야기책을 읽어야 합니다. 『목기린 씨, 타세요!』(이은정 글, 윤정주 그림 | 창비)에 등장하는 기린은 목이 길어 버스를 타지 못하는 불편을 겪습니다. 버스를 타기 위해 관장에게 편지를 보내며 애쓴 결과 결국은 버스에 탈 수 있게 되지요.

차이가 차별이 된 사례는 우리 주변에서 흔히 볼 수 있습니다. 이 책을 통해 우리 사회의 문제와 그걸 해결해가는 방법을 본 어린이들은 임산부나 노인과 같이 약자들도 편리하게 이용할 수 있는 버스 만들기 활동을 했습니다.

이런 이야기책을 읽으며 세상을 조금씩 알아가는 어린이들은 자연스럽게 질문하게 됩니다. 이 세상의 문제는 무엇이며 어디에서 비롯되었는지, 그것을 해결하기 위해서 지금 우리는 어떤 태도를 취해야 하는지, 무엇을 해야 하는지에 대한 질문 말이지요. 이런 질문을 하는 과정에서 어린이들은 결국 살아가는 방식을 고민하게 됩니다. 나와 전혀 관련 없는 것처럼 보이는 삶도 나와 연결되어 있고, 언젠가는 나의 이야기가 될 수도 있기에 결국 나의 고민이 됩니다. 물론 바로 답을 내리긴 쉽지 않으나 중요한 건 질문을 품고 사는 것입니다.

이 어려운 세상에 태어나 하루하루 살아가려 애쓰는 어린이가 이야기책을 통해 자신을 위로하는 법을 배웠으면 좋겠습니다. 그 위안을 발판 삼아 타인을 이해하려 노력하고 이 세상을 향해 끊임없이 질문을 던졌으면 좋겠습니다. 그것이 곧 결국 우리가 추구하는 행복한 삶으로 다가서는 방법이니까요.

마지막으로 우리가 정말 잊지 말아야 할 것은 미야자키 하야오가 『책으로 가는 문』(미야자키 하야오 글 | 현암사)에서 말했듯이 '어린이 문학이란 태어나길 정말 잘했다며 아이들에게 응원을 보내는 것'이라는 점입니다. 어른들 또한 녹록지 않은 삶에 지쳐 힘들겠지요. 그러나 조금이라도 더 나은 세상을 물려주어야 하는 것이 어린이에 대한 어른의 도리이자 어린이를 존중하는 하나의 방식임을 기억하며 함께 책을 읽어나가길 바랍니다. 함께 읽는 행위 자체가 어린이의 삶에 응원을 보내는 것이라는 점을 잊지 않으면서 말입니다.

이야기책의 종류

    이야기책은 아동 문학, 아동 소설, 어린이 문학 등 여러 이름으로 불립니다. 시대가 변하면서 새로운 장르가 탄생하기도 하고 새로운 서술 방식이나 문법을 시도한 작품이 나오기도 합니다. 이에 따라 어린이 이야기책의 범위를 어디까지 볼 것인지, 이야기책이 어린이책으로서 역할을 다하고 있는지 꾸준히 논의되고 있습니다.

    훨씬 더 전문적으로 접근해야 하는 어린이 이야기책은 이곳에서 전부 다룰 수 없고 다루어서도 안 된다고 생각합니다. 그래서 제 나름대로 어린이의 마음을 성장시킬 수 있는 이야기책을 선정하여 간략히 소개해보겠습니다.

● 현실에 발붙이는 생활 판타지

    요즘 어린이들은 매우 현실적이라고 말합니다. 그것은 어린이들이 만들어낸 문제일까요? 일찍이 경쟁 구도에 놓인 어린이들은 과정보다 성과를 중요하게 여기는 삶에 익숙해져 있습니다. 따라서 현실적 사고를 갖는 시기가 앞당겨지는 건 당연한 결과이지요. 이 모습은 사회가 만든 문제이기에 우리 모두의 책임이라고 생각합니다.

현실을 빨리 마주하는 만큼 어린이들이 겪는 문제도 다양해지고 있으며 오늘날의 이야기책은 그 문제들을 잘 담아내고 있습니다.

그중에서도 생활 판타지는 어린이들의 삶과 환상 세계를 결합해 지은 이야기입니다. 판타지 문학을 읽는 재미도 느끼면서 자신이 마주하는 삶의 문제를 위로 받고 때론 해결할 힘을 얻을 수 있습니다.

형제(저학년)

미운맛 사탕
(그레이트북스)

레기, 내 동생
(비룡소)

가족(저학년)

마법의 설탕
두 조각
(한길사)

꽝 없는
뽑기 기계
(비룡소)

한밤중
달빛 식당
(비룡소)

당나귀 실베스터와
요술 조약돌
(다산기획)

형제, 가족(중~고학년)

영모가 사라졌다
(비룡소)

분홍 문의 기적
(비룡소)

시계 속으로
들어간 아이들
(주니어파랑새)

신통방통 홈쇼핑
(비룡소)

시간 가게
(문학동네)

*텔레비전 속
내 친구
(비룡소)

● 나와 타인을 이해하는 사실 동화(생활 동화, 성장 동화)

저~중학년

귀신보다
더 무서워
(보리)

멋진 누나가
될 거야
(다림)

화해하기
보고서
(사계절)

중~고학년

잘못 뽑은 반장
(주니어김영사)

지우개 따먹기 법칙
(푸른책들)

악플 전쟁
(별숲)

받은 편지함
(우리교육)

　　생활 동화와 성장 동화 중 일부는 어린이들의 삶을 그대로 다룬다는
점에서 사실 동화라고 부릅니다. 현실 세계를 담고 있기 때문에 공감하며
비교적 편하게 읽는 책이기도 합니다. 자신의 삶과 비슷한 이야기가 담긴
책을 만나면 어느새 푹 빠져 읽는 어린이의 모습을 볼 수 있습니다. 우리
삶을 잘 담아낸 사실 동화를 통해 나와 너, 그리고 우리가 속한 세계도 이
해할 수 있었으면 합니다.

어린이책은 주인공인 어린이가 마주한 삶의 문제를 스스로 해결해나
가는 과정을 보여줍니다. 그러나 일부 책에서는 어른의 개입으로 사건이
해결되기도 하고 주체적 자아로서의 역할이 축소되기도 합니다. 그래서
어린이들이 삶의 주체자로 당당히 문제를 해결해나가려고 애쓰는 이야기
를 모아보았습니다.

● 사회 문제에 관심을 갖게 하는 동화

고학년

절대 딱지
(개암나무)

나는
증인이 아닙니다
(아이앤북)

수상한 편의점
(북멘토)

무기 팔지
마세요!
(현북스)

블랙 아웃
(한겨레아이들)

　　어린이들이 사는 세계는 어른들이 사는 세계와 크게 다르지 않습니
다. 어린이들은 이미 많은 것을 알고 있고 알고 싶어합니다. 어린이들에게
는 아름답고 예쁜 것만 보여주는 게 옳다고 생각한다면 어린이를 동심 천
사주의 관점에서 보거나 어른의 말을 잘 듣고 배워야 하는 수동적 존재로
보는 건 아닐까요?

　　어린이도 엄연히 사회의 구성원이며 미래 사회를 이끌어갈 작은 사
람들입니다. 그 어린이들과 함께 다양한 사회 문제가 담긴 동화를 읽고 생
각을 나누는 일은 매우 중요합니다. 어린이들에게 "너희들은 공부만 하면
돼."라고 말하는 것은 사회 구성원에서 배제하는 말입니다. 일상적 배제를
당한 어린이들은 어른이 되어도 내가 살아갈 사회에 문제의식이 없기 때문
에 자신의 삶의 문제를 해결할 힘도 얻지 못합니다.

　　다소 민감한 주제를 다룬다 해도 어린이책에는 대부분 안전장치가 있으므로 염려하지 않아도 됩니다. 어린이들에게 보여주고 싶지 않은 세상이어도 언젠가는 보게 되고 함께 살아갈 세상이라는 것을 기억해주세요.

● 상상과 논리의 힘을 즐기고 싶은 어린이를 위한 추리 동화

중~고학년

최기봉을
찾아라!
(푸른책들)

명탐견 오드리
추리는 코끝에서부터
(사계절)

칠칠단의
비밀
(사계절)

괴물 쫓는
방구 탐정
(창비)

귀신 잡는
방구 탐정
(창비)

봉봉 초콜릿의
비밀
(푸른책들)

어린이들이 이야기책을 읽는 가장 큰 이유는 매력적인 서사에 빨려들어가기 때문입니다. 그래서 이야기책을 읽는 동안 모든 근심을 잊고 마냥 행복할 수 있습니다. 그중에서도 추리 동화는 서사의 매력이 어느 정도

보장된 책입니다.

추리 동화는 사건이 벌어지고 해결해가는 구성, 결말을 서두에 알려주고 그렇게 된 이유를 찾아가는 구성으로 크게 나뉩니다. 어떤 형식을 갖추고 있든 이 흐름을 따라가며 읽기 위해서는 끊임없이 사고하고 판단해야 합니다. 그러다보면 자연스럽게 추리력, 논리력, 상상력도 상승하게 되지요. 또한 사건의 결말을 알기 위해 처음부터 끝까지 집중해서 책을 읽으면 자연스럽게 읽기 호흡도 늘어납니다. 이 호흡은 여러 이야기책은 물론 지식책을 읽는 데에도 큰 도움이 됩니다.

단권으로 된 추리 동화를 재미있게 읽었다면 시리즈에도 도전해보세요. 시리즈 도서는 적으면 2~3권, 많으면 10권 이상으로 구성된 책입니다. 제1권에서 파악한 배경과 인물에 대한 정보가 시리즈 전반을 관통하기 때문에 권수가 많더라도 빠른 속도로 읽어나갈 수 있습니다.

긴 구성의 시리즈를 완독하고 나면 독서 자신감이 생기고 읽기 호흡도 길어집니다. 무엇보다 재미있는 이야기가 1권에서 끝나지 않고 계속 이어진다는 건 독자에게 큰 기쁨이지 않을까요? 아래에 소개하는 추리 동화 시리즈 목록을 보고 마음에 드는 것을 골라 읽어보기 바랍니다.

『추리탐정학교 1~4』(클레르 그라시아스 글, 클로트카 그림 | 좋은꿈)

『소녀 탐정 캠 1~5』(데이비드 A. 애들러 글, 수재나 내티 그림 | 햇살과나무꾼)

『다락방 명탐정 1~3』(성완 글, 소윤경 그림 | 비룡소)

『슈퍼 명탐정 로리 1~3』(앤드류 클로버 글, 랄프 라자르 그림 | 주니어RHK)

『착각 탐정단 1~3』(후지에 준 글, 요시타케 신스케 그림 | 을파소)

『괴짜탐정의 사건노트 1~17』(하야미네 카오루 글, 정진희 그림 | 비룡소)

『암호 클럽 1~13』(페니 워너 글, 효고노스케 그림 | 가람어린이)

『스무고개 탐정 1~12』(허교범 글, 고상미 그림 | 비룡소)

『셜록홈스와 베이커 가의 아이들 1~4』(트레이시 맥, 마이클 시트린 공저 | 비룡소)

이야기책을
잘 읽게 하는 방법

이야기책을 좀처럼 읽지 못하는 어린이들이 있습니다. 여기에는 여러 이유가 있습니다. 첫 번째는 장면을 상상하는 힘이 부족해서입니다. 저학년을 위한 이야기책은 중간중간 삽화를 넣어 글만으로 서사를 이해하기 힘든 어린이들을 배려하지만, 고학년 이야기책은 삽화의 양이 적어 글로 서사를 이해해야 합니다. 몇몇 삽화와 글로 서사를 이해하려면 장면을 상상하는 힘이 있어야 하는데, 그것이 부족하다면 책을 끝까지 읽어내기가 쉽지 않습니다.

두 번째는 기억력 부족입니다. 이야기책은 도입 부분에 서술되는 배경이나 인물에 대한 정보를 잘 기억해야 합니다. 그래야 그것을 바탕으로 펼쳐지는 갈등을 이해할 수 있고 어려움 없이 결말까지 읽을 수 있으니까요. 그런데 이 도입 부분의 내용을 기억하지 못해서 흥미를 잃고 중도에 책을 덮어버리는 경우가 있습니다.

세 번째는 어휘력 부족입니다. 어린이가 책 속에 있는 어휘 중 상당량을 이해하지 못한다면 정서 나이나 인지력보다 앞선 책일 수 있습니다. 그런 책은 맞지 않는 책이므로 읽지 않는 것이 좋습니다. 그런 경우가 아니라 익숙하지 않은 소재나 주제를 다뤄서 어휘가 낯선 경우에는 약간의 도움을 주면 잘 읽을 수 있습니다.

지금 말한 장면을 상상하는 힘의 부족, 기억력 부족, 어휘력 부족을 극복할 수 있게 도와주는 어른 독자가 곁에 있다면 그 어린이는 행운아라고 생각합니다. 이 책을 읽는 어른 독자들이 주변의 어린이를 행운아로 만들어준다면 더할 나위 없이 기쁠 것입니다.

● 장면 상상력의 부족 해결

> 조그만 오두막은 마을 변두리에 있었다. 그곳에서 보면 북동쪽으로 저 멀리 안트베르펜 성모 대성당의 뾰족탑이 솟아 있고, 그 사이는 온통 드넓은 푸른 평원이었다. 끝없이 뻗어 있는 목초지와 밀밭은 마치 밀물도 썰물도 없이 늘 한결같은 바다 같았다. (중략) 오두막은 그야말로 작고 볼품없는 흙집에 지나지 않았다. 그래도 조가비처럼 하얗고 깨끗했고, 주변을 빙 둘러 콩과 잎채소와 호박이 자라는 작은 텃밭도 있었다.

위 내용은 『플랜더스의 개』(위다 글, 프랜시스 브런디지 그림 | 시공주니어)의 도입에 서술된 할아버지와 넬로가 사는 집의 풍경 묘사입니다. 매우 짧은 내용임에도 여러 이미지를 떠올릴 수 있어야 합니다. 대성당, 평원, 목초지, 밀밭 등 여러 단어의 이미지도 마음속에 가지고 있어야 하고요.

장면 상상력을 키우는 방법은 그림책을 어릴 때부터 꾸준히 읽는 것입니다. 그림책의 다양하고 아름다운 그림을 자주 접할 수 있게 도와주세요. 마음속에 가지고 있는 이미지가 많을수록 장면을 상상할 수 있는 힘이 커집니다.

그림책을 볼 때는 그림을 적극적으로 보아야 하는데요, 적극적으로 본다는 것은 그림에 숨어 있는 은유나 상징을 찾아내는 것이 아니라 그저 꼼꼼하게 보는 것입니다.

다음은 그림을 적극적으로 볼 수 있게 도와주는 3가지 방법입니다.

① 질문하기

아래의 질문을 해주세요. 보이는 대로 모두 말할 수 있게 돕는 질문입니다.

- 무엇이 보이니? 무엇을 보았니? 무엇이 있니? 무엇이 그려져 있니?

- 누가 있니? 남자니? 여자니? 어린이니? 어른이니?

- 무엇을 하고 있니? 무엇을 하는 것 같니?

- 어디일까? 어떤 풍경이니? 색깔이 어떻게 표현되었니?

② 장면 상상해서 그리기

그림책의 글은 그림의 이해를 돕거나 그림에서 나타나지 않는 것을 설명해줍니다. 때로는 그림의 서사와는 약간 다른 서술을 함으로써 읽는 이의 긴장을 높이고 상상력을 극대화하도록 합니다.

어린이에게 그림책을 보여주지 말고 글만 읽어주세요. 그리고 떠오르는 장면을 그려보게 합니다. 다시 말하면 어린이 스스로가 그림 작가가 되어보는 것입니다.

다 그린 후에는 본래의 그림책을 보여주는데, 이 활동이 중요합니다. 그림을 그린 어린이는 원래 그림책은 과연 어떻게 표현했을까 생각하며 그림책을 보게 됩니다. 이 과정에서 저절로 적극적인 그림 읽기가 이루어집니다.

③ 글 지우고 직접 써보기

글을 아는 사람은 그림책을 펼치는 순간 본능적으로 글부터 보는 경향이 있습니다. 그러면 그림이 주는 메시지를 놓치기 쉽습니다. 글을 먼저 읽었다면 다시 앞으로 돌아가 그림만 자세히 보는 것이 좋습니다.

어린이들 또한 글을 배우고 나면 그림을 자세히 보지 않을 때가 있습니다. 글자를 모두 가리고 그림만 보며 글을 짓는 활동을 해보세요. 그림에 어울리는 이야기를 지으려면 저절로 그림을 자세히 보게 될 것입니다.

이 방법은 '① 질문하기'에서 질문을 하는 것보다 한 단계 더 나아간 방법입니다. 어린이들이 글 작가가 되어보는 것이지요.

글을 가리기 번거롭거나 여의치 않다면 글자가 없는 그림책을 활용해도 좋고 그림만 있는 페이지를 펼쳐놓고 거기에 어울리는 내용을 써보아도 좋습니다.

● 기억력 부족 해결

이야기책 도입 부분에는 배경, 등장인물의 상황이나 성격, 사건의 단서가 될 내용이 나오곤 합니다. 모두 중요한 내용이지만 그중 서사를 끌고 가는 인물의 묘사는 특히 놓치지 말고 읽어야 합니다.

그런데 간혹 사건의 진행 과정이 궁금해서 도입 부분을 대충 빠르게 읽거나 등장인물의 이름, 특징 등을 기억하지 못해 이야기를 이해하기 어려워하는 어린이들이 있습니다. 그럴 때는 등장인물 소개를 책갈피로 만들어 주면 도움을 받을 수 있습니다. 책갈피 없이도 등장인물을 잘 이해한다면 책을 완독한 뒤에 인물을 다시금 이해하는 목적으로 직접 써보아도 좋습니다. 『나는 비단길로 간다』(이현 글, 백대승 그림 | 푸른숲주니어)를 예시로 책갈피를 만들었으니 참고하기 바랍니다.

등장인물 책갈피	
나는 비단길로 간다	
홍라	나는 금씨 상단의 딸이야. 엄마 따라 일본에 물건 팔러 갔다가 태풍을 만나 엄마를 잃었어.
월보	나는 17살, 수습 천문생이야. 금씨 상단에서 늘 함께했지. 동생이 일곱이나 있어. 상경성 밖 농부 장남이었는데, 천문생이 되고 싶어서 집을 나왔고 금씨 상단에서 일하게 되었지.
친샤	나는 금씨 상단의 대상주이자 홍라 엄마인 금기옥의 호위 무사 친샤야. 어릴 때 상처로 말을 할 수가 없어.
비녕자	나는 평범히 살던 집안의 아이였어. 난파된 배에서 홍라라는 아이를 구해준 일이 내 인생에 큰 사건이 되었어.
쥬신타	나는 상경의 제일 부자이자 고리이자를 받는 섭씨의 아들이야. 아버지가 홍라를 뒤따르라고 했어.
김자인	나는 돈이 급히 필요한 사람이지.
아골타	나는 홍라의 아빠야. 홍라가 두 살 때 고향 흑수로 돌아갔지.
섭씨 영감	나는 상경에서 제일 부자지. 고리이자를 받고 있어. 장사하러 떠나는 이들은 주로 나에게 돈을 빌리러 오고 금기옥도 그중 하나였지.

● 어휘력 부족 해결

사람은 어휘로 사고하고 대화합니다. 어휘는 살아온 삶에서 축적된 것이므로 사람 자체이기도 합니다.

어휘가 부족해 내 생각을 표현하지 못한다는 것은 정말 슬프고 아픈 일입니다. 사람은 생각한 대로 살 때 주체적인 삶을 살 수 있고 삶의 질 또한 높아진다고 믿습니다. 양질의 어휘를 내 안에 담을 수 있는 최고의 방법이 독서라는 것은 말할 필요도 없이 누구나 아는 사실일 겁니다.

어휘가 부족해서 책을 읽지 못한다면 그 또한 슬픈 일이 아닐 수 없습니다. 어린이에게 맞는 어휘로 구성된 책을 읽어야 주도적 독서가 가능하지만 때로는 어른이 적극적으로 도와주어서 독서의 질을 높여줄 필요도 있습니다.

책을 읽기 전 먼저 어린이가 어려워할 만한 어휘, 미리 알고 있으면 좋을 어휘를 뽑아둡니다. 아래는 『나는 대한민국 국민입니다』(한경아 글, 신나경 그림 | 거인)에서 추려낸 어휘들이니 뜻과 함께 살펴보기 바랍니다.

정착금	일정한 곳에 제대로 자리를 잡고 머물러 사는 데 드는 돈
밀항	몰래 배를 타고 외국에 들어가는 일
반세기	한 세기인 100년의 절반
혈안	이익을 챙기거나 무엇을 경계하기 위해 몹시 기를 써서 핏발이 선 눈
허드렛일	중요하지 않은 여러 가지 잡일
밭은기침	병이나 버릇으로 소리가 크지 않고 힘도 과히 들지 않으면서 자주 하는 기침
혼비백산	매우 놀라거나 혼이 나서 넋을 잃다
발각	숨겨져 있던 일이 드러나 알려지다
탈북	북한을 탈출하는 일
폐병	폐에 생기는 병을 모두 합쳐 부르는 말
이방인	다른 나라에서 온 사람
반동분자	사회에 맞서는 행동을 하는 사람

이 도서는 탈북한 가족의 삶을 그리고 있습니다. 어휘의 의미를 미리 알고 있다면 책의 내용을 이해하기 쉬울 것입니다. 책을 읽다가 사전을 찾아보는 건 매우 번거로운 일이며 단어의 뜻을 찾았다고 해도 그 해설이 더 어려워 혼란만 가중되는 경우가 많습니다. 그래서 이렇게 미리 모르는 어휘와 그 뜻을 알려주는 것도 좋습니다.

알려준 뒤에는 어휘를 낱말 카드로 만들어 늘어놓고 이야기를 만들어 보세요.

민지   아, 오늘 지갑을 잃어버려서 하루 종일 그거 찾는 데 혈안이 되어 있었어. 그래서 지각했어.

경민   오늘 우리 약속이 중요하니 일단 나와야 하는 거 아니야?

민지   사실 그 안에 엄마가 보면 안 되는 게 있어서 발각될까 봐 그랬지.

수영   뭔지 모르지만 떨렸겠다. 나는 사실 외출 금지라서 탈북하는 것처럼 숨죽여 몰래 나왔어.

경민   다들 사연이 참 많구나. 숙제 안 하고 혼나서 허드렛일하다가 나온 나도 갑자기 슬퍼지네.

지수   우리 그럼 다 같이 밀항해서 섬 하나 발견해 '어린이들의 천국'이나 만들어 볼까?

민지   밀항은 불가능하겠지만 지수네 방을 우리의 아지트로 꾸민다면 해 볼 수 있겠다.

지수   우리 집에서는 왠지 난 이방인 같은 느낌이라 일단 나오고만 싶어.

수영   그럼 우리 아무 건물 옥상이라도 아지트를 만들어 반세기 동안 우리끼리 살아볼까?

경민   난 그럼 우리 집에서 반동분자 취급당할걸. 폐병으로 하루 종일 밭

은기침하시는 아프신 할아버지도 계셔서 집에 얌전히 있어야 해. 지난번에 화장실에서 넘어지셔서 엄마가 혼비백산하신 후로 내가 더 집에 있길 원하셔. 걱정되시나 봐.

민지 다들 힘들구나. 누가 정착금이라도 주면 나 혼자라도 어디 숨어 살아볼 텐데. 열두 살 인생 참 쉽지 않다!

최소 3~4명이 모이면 준비된 어휘로 이야기를 만들 수 있습니다. 위 사례처럼 각자 활용할 수 있는 단어로 문장을 만들면 정확한 뜻은 몰라도 문맥을 바탕으로 어렴풋하게 내용을 짐작할 수 있습니다. 어린이들이 활용하지 못하는 어휘는 어른들이 맡아서 활용해주세요. 참여하기 어려워하는 어린이는 듣기만 해도 좋습니다. 듣는 것만으로도 어휘의 쓰임을 짐작할 수 있으니까요.

어린이들이 이야기책을 잘 읽게 하는 3가지 방법을 안내했습니다. 이야기책을 읽지 못하거나 읽지 않는 어린이들을 위해 가장 기본적으로 할 수 있는 것이지만 노력이 필요한 일이죠. 이런 일을 함께할 어른 독자가 많아져 어린이 모두 이야기책을 읽고 행복한 독자로 자라났으면 좋겠습니다.

이야기책 깊이 읽기

　　정독과 다독 중 어떤 독서 방법을 택해야 하는 걸까요? 독서법은 상황에 따라 적용하는 것이기에 2가지 모두 필요하나 다독은 꼭 경험했으면 좋겠습니다. 특히 이야기책을 많이 읽었으면 합니다. 책을 많이 읽으면 자연스럽게 이야기 구조를 익힐 수 있고, 이야기 구조가 익숙해야 사고할 여유가 생겨 책이 담고 있는 의미를 찾을 수도 있기 때문입니다. 많이 다녀본 길을 걸으면 헤맬 염려가 없어 길가에 핀 꽃과 풀을 여유롭게 바라보며 감상할 수 있는 것과 같은 이치입니다.

　　그런데 꽃과 풀의 이름을 알려주고 잠시 멈추어서 오래 감상하게 도와주는 어른이 있다면 길이 더 아름답게 느껴질 것입니다. 어린이들이 이야기의 의미를 읽을 수 있도록 돕는 방법에는 어떤 것이 있는지 알아보겠습니다.

● 등장인물 정리

앞장에서 언급한 등장인물을 미리 소개하는 책갈피는 이야기책을 좀처럼 완독하지 못하는 어린이나, 등장인물이 많은 책을 읽을 때 필요한 것입니다. 여기에서 설명할 등장인물 정리는 인물을 심층적으로 분석하여 내용의 이해를 높이는 활동입니다. 사건을 끌어가는 인물을 파악하다보면 줄거리도 자연스럽게 정리할 수 있습니다.

서클 맵을 이용한 방식을 안내합니다.

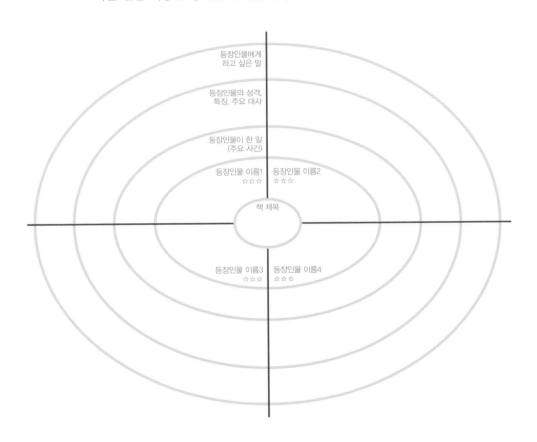

활동 방법	활동 의미 및 참고 사항
1. 가운데 동그라미에 책 제목을 씁니다. 지은이, 출판사를 함께 써도 됩니다.	책의 기본 정보를 파악합니다.
2. 두 번째 동그라미에 주요 등장인물 이름을 씁니다. 직선은 인물 수에 맞춰 그리면 됩니다.	사건을 끌어가는 주요 등장인물만 쓰되 최대 5명 이상은 넘지 않는 게 좋습니다.
3. 세 번째 동그라미에 등장인물이 한 일, 주요 사건을 씁니다.	이야기 전개의 축이 되는 행동을 중심으로 간략히 씁니다.
4. 네 번째 동그라미에 등장인물의 성격 및 특징이 드러나는 대사를 씁니다.	등장인물을 다각도로 살펴보는 것이 목적이므로 장단점을 모두 씁니다.
5. 다섯 번째 동그라미에 등장인물에게 하고 싶은 말이나 나의 의견을 씁니다.	등장인물이 한 일에 대한 나의 의견, 조언, 위로, 충고, 궁금한 것 등을 씁니다.
6. 등장인물 이름을 쓴 칸으로 돌아와 등장인물의 공감도나 호감도를 별점으로 매깁니다.	각 등장인물을 떠올리며 내게 어떤 영향을 주었는지 생각해봅니다.

서클 맵에 들어갈 내용은 책의 특성에 따라 가감하거나 새로운 분석 기준을 담아 바꿀 수도 있습니다. 중요한 건 이 활동을 하며 책의 간단한 감상까지 남길 수 있게 각 써클의 내용을 바탕으로 대화를 더 나누어야 한다는 것입니다.

● **말하기를 돕는 막대 만들기**

이야기책을 읽은 후 감상을 나누는 자리에서 쉽게 입을 떼지 못하는 어린이들이 있습니다. 무엇을 말해야 할지, 생각한 내용을 어떤 어휘로 어떻게 구성해서 말해야 할지 모르기 때문입니다. 그러면 자신도 모르게 위축이 되어 자신감을 잃습니다. 이런 경험이 쌓이면 본인의 생각을 말하고 사람들과 토론하는 것을 두려워하게 될 수도 있습니다.

말하기를 두려워하는 어린이들에게는 '첫마디'를 제안하면 좋은 효과를 기대할 수 있습니다. 첫마디란 어린이들이 입을 뗄 수 있게 물꼬를 터주는 문장입니다. 자세한 활동 방법은 예시를 보며 설명하겠습니다.

✪ 활동 방법

1. 아이스크림 막대에 '첫마디'를 써서 준비합니다.
2. 바닥에 첫마디를 쓴 막대를 늘어놓습니다.
3. 마음에 드는 첫마디를 고르고 읽습니다.
4. 말을 할 용기가 생겼다면 첫마디에 이어질 내용을 말합니다.
5. 다른 막대를 추가로 골라 자유롭게 이야기합니다.

✪ 활동 목적

1. 자신의 생각을 전달하기 어려운 어린이에게 동기부여가 됩니다.
2. 책의 내용을 되짚어 볼 수 있습니다.
3. 감상평을 나누는 시간과 토론 시간을 싫어하지 않게 됩니다.

✪ 참고 사항

1. 첫마디 막대기를 들었는데도 입을 잘 떼지 못할 수 있습니다. 그럴 때는 기다리고 격려해주세요.
2. 어른이 먼저 막대를 들고 이야기하는 모습을 보여주세요. 좋은 본보기가 될 거예요.

책 말하기	제목을 보고 내용을 짐작해봤어
	표지 그림을 보고 내용을 짐작해봤어
	다 읽어보니 제목을 바꾸고 싶어
	이 책을 쓴 작가에 대해 아는 것이 있어
내용 · 인물 말하기	인물의 행동이 이해되지 않아
	마음에 드는 인물이 있어
	인물에게 하고 싶은 말이 있어
	생각나는 장면이 있어
	중요하다고 생각하는 장면이 있어
감상 말하기	나도 비슷한 경험이 있어!
	○○에게 읽어주고 싶은 부분이 있어
	이 문장은 기억하고 싶어
	책을 읽고 해야겠다고 결심한 일이 있어
	책을 읽고 바뀐 생각이 있어

● **우리 삶에 대해 생각하기**

이야기책을 읽은 후에는 기본적으로 줄거리를 알아야 합니다. 그다음 우리 삶과 연결해보아야 합니다. 이야기책은 우리 삶에 있을 법한 일을 담아낸 것이니까요. 그래야 스토리를 즐기는 것에서 멈추지 않고 우리 삶에서 어떤 의미가 있는지 생각해볼 수 있습니다.

'책'은 '나'의 이야기 혹은 '세상'의 이야기를 담고 있는 것이므로 이야기책을 읽고 난 후 감상의 기준을 책, 나, 세상 3가지로 삼으면 좋습니다.

이것에 대해 생각해볼 수 있게 하는 적절한 질문은 다음과 같습니다.

'책'의 내용에 대해 생각해볼 수 있는 질문

- 주인공이 어떤 일을 겪었니?
- 그 일은 어떻게 해결되었니?

'나'와 연결해볼 수 있는 질문

- 이 책과 관련하여 떠오르는 경험은 무엇이니?
- 그 경험으로 인해 깨닫거나 생각하게 된 것이 있니?

'세상'과 연결해볼 수 있는 질문

- 이 책을 읽고 떠오르는 주변 일이나 세상일은
  무엇이니?
- 우리가 그 문제를 어떻게 해결하면 좋을까?

이야기책 독서 생각 책갈피

　질문의 내용보다 중요한 것은 질문을 하는 분위기와 어조입니다. 지나치게 딱딱하거나 공부를 하는 느낌이 들지 않도록 '이야기책 독서 책갈피'에 담아 각자 자연스럽게 대화해보세요.

　꼭 대화하지 않더라도 6가지 질문을 담은 이 책갈피를 만들어 선물로 준다면 어린이 스스로 우리의 삶을 생각해볼 수 있습니다.

이야기책 독서
생각 책갈피

- 주인공이 어떤 일을 겪었니?
- 그 일은 어떻게 해결되었니?

- 이 책과 관련하여 떠오르는 경험은 무엇이니?
- 그 경험으로 인해 깨닫거나 생각하게 된 것이 있니?

- 이 책을 읽고 떠오르는 주변 일이나 세상일은 무엇이니?
- 우리가 그 문제를 어떻게 해결하면 좋을까?

● 이야기책 읽고 생각 정리하기

이야기책을 깊이 읽는 방법을 적용했다면 생각을 정리하는 것이 좋습
니다. 머릿속에 어렴풋하게 있는 생각이 글을 쓰면 명료해지기 때문입니다.

✪ 활동 방법

1. 책 제목, 지은이, 출판사를 씁니다.
2. 3가지 기준으로 별점을 매겨봅니다. 재미와 의미, 공감에 따른 별점입니다.
3. 생각 정리 내용 6가지 중 쓰고 싶은 것 4가지를 골라 번호를 쓰고 내용을 정리
   합니다.

✪ 활동 목적

1. 이야기책을 읽고 어떤 것을 떠올릴 수 있는지 배울 수 있습니다.
2. 부담스럽지 않게 감상을 남길 수 있습니다.

✪ 참고 사항

1. 6가지 영역 중에서 4가지를 골라서 쓰는 이유는 어린이들에게 쓰기의 자유를
   주기 위해서입니다. 모두 쓰는 것보다 정말 쓰고 싶은 것을 골라 쓰도록 배려
   하면 마음을 열고 더 적극적으로 쓸 수 있습니다.
2. 읽은 동화책의 특징에 따라 ①~⑥ 중 꼭 정리가 필요한 내용이 있다면 무엇을
   쓸지 지정해주세요.
3. 저학년은 각 내용을 1~2문장으로, 고학년은 최소 3문장 이상으로 쓰게 해주
   세요.

이야기책 생각 정리 카드

책 제목			
지은이		출판사	

별점

재미 ☆ ☆ ☆   의미 ☆ ☆ ☆   공감 ☆ ☆ ☆

생각 정리 내용

①기억나는 인물의 행동이나 사건	②인물의 행동이나 사건에 대해 하고 싶은 말
③책을 읽고 떠오르는 나의 경험과 떠오른 까닭	④책을 읽고 생각이 바뀐 점이나 깨달은 점, 행동해야겠다고 생각한 것
⑤인물에게 하고 싶은 말	⑥책을 읽고 떠오른 주변 일이나 세상일과 그것을 해결할 방법

위 6개 문항 중 쓰고 싶은 것 4개를 골라 왼쪽 칸에 번호를 쓰고 해당 내용을 쓰세요.

이야기책 연결 독서

유아기부터 초등까지 독서량이 많던 아이들이 청소년 이후 책과 멀어지는 경우를 많이 봅니다. 저는 그 이유가 독자 교육이 부족하기 때문이라고 생각합니다. 책을 읽고 토론을 하고 글을 쓰는 일을 독서 교육이라고 한다면 어린이들이 평생 독자로 성장할 수 있도록 책과 관련된 경험을 쌓게 도와주는 일은 독자 교육입니다. 책이 있는 다양한 곳에 가는 일, 읽을 책을 스스로 고르고 판단하는 일, 책과 관련된 문화를 즐기는 일 등이 독자가 경험해야 할 일입니다.

모두 중요하지만 특히 놓치지 말아야 할 것은 자신이 읽을 책을 스스로 고르는 경험을 하는 것입니다. 누군가 손에 쥐여준 책만 읽은 어린이들은 책을 고를 줄 모르기 때문에 평생 독자로 성장하기 어렵습니다.

여기에서는 이야기책을 읽은 후 연결해서 읽을 책을 찾아보는 방법을 안내합니다.

● 작가의 다른 작품 찾아보기

어른 독자에게 작가의 다른 작품을 찾는 건 쉬운 일입니다. 그러나 어린이 독자 중 초보 독자는 작가를 배제하고 책을 읽기 때문에 작가의 다른 작품을 찾아보겠다는 생각을 하지 못합니다. 그럴 때는 재미있게 읽은 책의 작가가 다른 책도 썼는지 검색하여 찾아보게 해주세요.

『봉주르, 뚜르』(한윤섭 글, 김진화 그림 | 문학동네)는 분단의 문제를 참신하게 풀어내 문학동네어린이문학상 대상을 수상한 작품입니다. 추리 소설의 서사를 차용해 이야기의 긴장감을 느낄 수 있습니다. 고학년 어린이가 읽기 좋은 내용이며 읽어본 아이들의 평도 좋았습니다.

이 책을 읽은 어린이들과 함께 한윤섭 작가의 다른 작품을 찾아보았습니다. 작가의 작품 중 인기가 높았던 것은 『서찰을 전하는 아이』(한윤섭 글, 백대승 그림 | 푸른숲주니어), 『해리엇』(한윤섭 글, 서영아 그림 | 문학동네), 『너의 운명은』(한윤섭 글, 백대승 그림 | 푸른숲주니어)입니다. 저학년을 대상으로 나왔지만 고학년도 좋아하는 책으로는 『짜장면 로켓 발사』(한윤섭 글, 윤지회 그림 | 문학동네)가 있습니다.

어린이들과 함께 송미경 작가의 책을 찾아보기도 했습니다. 송미경 작가는 독특한 소재를 가지고 참신하게 서사를 이끌어 가는 특징이 있습니다. 고학년 도서로 읽기 적당한 『돌 씹어 먹는 아이』(송미경 글, 안경미 그림 | 문학동네)를 읽은 어린이들의 평이 좋아 자연스럽게 작가의 다른 책을 찾아보기로 했습니다. 각자 찾아서 1권씩 가져오기로 하니 적극

적으로 도서관이나 중고 서점, 온라인 서점 등을 통해 책을 구해왔습니다.

어린이들이 골라온 책은 2008년 웅진주니어문학상을 받은 송미경 작가의 첫 동화집 『복수의 여신』(송미경 글, 장정인 그림 | 창비), 『가정 통신문 소동』(송미경 글, 황K 그림 | 스콜라), 『햄릿과 나』(송미경 글, 모예진 그림 | 사계절) 등 다양했습니다.

어린이들은 작가의 작품을 출간 순서대로 늘어놓고 책의 앞날개에 적힌 작가의 프로필을 읽으며 작가를 알아가는 작가 퍼즐 놀이를 했습니다. 그 후 간단한 작품 소개를 보고 읽은 소감을 말하니 서로가 읽은 책에 호기심을 보였습니다. 작가의 작품 세계가 어떻게 변했는지 심도 있는 토론도 이어졌습니다. 이런 경험을 통해 어린이들은 작가론과 작품론의 기본기를 익히게 됩니다. 어린이들을 능숙한 독자로 성장하게 만드는 발판이 되기도 하고요.

작가는 자신의 세계를 작품으로 표현하고, 작품을 통해서 독자와 소통을 합니다. 독자에게 좋아하는 작가가 생겼다는 건 자신의 세계를 이해하고 공감해주는 사람을 만났다는 뜻이기도 합니다. 그래서 우리는 표현하지 못했던 감정을 대신 드러내거나 자신의 내밀한 고민을 다룬 작품을 보면 사랑에 빠지는 것이죠. 나의 심리적 지지자로 느껴지는 작가의 열렬한 팬이 되기도 하고요.

● **기획 시리즈 찾아보기**

어린이 이야기책은 기획 시리즈로 출간되는 경우가 많습니다. 기획 시리즈는 비슷한 소재나 주제 의식을 가지고 출간하는 책입니다.

저와 오랫동안 책 읽기를 해온 열두 살 민석이는 책을 고르는 일이 어렵지 않다고 말했습니다. 작가의 다른 작품을 찾아 읽으면 된다면서요.

어느 날 민석이는 『우리들끼리 해결하면 안 될까요』(박신식 글, 김진희 그림 | 내일을여는책)를 의미 있게 읽었다고 말했습니다. 이 책은 다툼이 생겼을 때 어떻게 해결하는지 제시해주는 책으로 '내일을 여는 어린이' 시리즈 중 하나입니다. 이 기획 시리즈는 사회에서 일어나는 문제를 쉽고 재미있게 동화로 풀어내자는 취지로 만든 도서입니다. 어린이들에게 좋은 의미를 남겨줄 수 있는 책이라고 생각해 독서 교실에 이 시리즈를 모두 두었더니 민석이는 재미있게 읽었습니다. 그리고는 기획 시리즈를 찾아 읽는 것도 좋은 방법이라는 것을 자연스럽게 알게 되었습니다.

독서량이 많다면 책이 많이 필요합니다. 그럴 때도 기획 시리즈만큼 좋은 게 없습니다. 만약 송언 작가를 좋아한다면 작가의 책 중 『마법사 똥맨』(송언 글, 김유대 그림 | 창비)을 검색해보세요. 이 책이 창비 출판사에서 만든 '신나는 책읽기' 시리즈 중 1권이라는 사실을 알게 됨과 동시에 해당 시리즈의 여러 도서도 만나게 될 것입니다. 그 책을 찾아 읽으면 만족할 가능성이 높습니다.

『빨강 연필』(신수현 글, 김성희 그림 | 비룡소)이 인생 책이라고 말한 어린이가 있었습니다. 이 어린이는 『신통방통 홈쇼핑』(이분희 글, 이명애 그림 | 비룡소)도 재미있게 읽었다고 했습니다. 이 2권의 책을 살펴보니 모두 출판사 비룡소에서 출간된 일공일삼 시리즈 도서였습니다. 비룡소에서는 이 시리즈가 '세상을 읽고 생각하는 힘'을 길러준다고 말합니다. 하나의 지향점을 가진 책이니 같은 시리즈를 즐겁게 읽은 어린이라면 잘 읽을 가능성이 크겠지요.

비룡소, 창비, 시공주니어, 푸른책들 등 어린이책 출판사의 홈페이지를 보면 어떤 기획 의도를 가지고 시리즈를 출간하는지 참고할 수 있습니다. 시리즈를 구매할 때 주의할 점은 전 권을 한 번에 구매해서는 안 된다는 겁니다. 독자들의 귀한 경험 중 하나는 책이 1권씩 내 손으로 들어오는 기쁨을 느끼는 것이니까요.

● 수상작 찾기

수상작 배출은 어린이책 작가의 발굴 및 창작의 장을 마련하는 수단이며 독자에게는 책을 선택하는 기준이 될 수 있습니다. 비룡소 출판사는 황금도깨비상, 비룡소문학상, 마시멜로픽션상 등의 다양한 상을 마련하여 매회 수상작을 배출하고 있습니다.

황금도깨비상은 1992년 최초로 설립한 어린이 문학상으로 어린이들의 정서와 감정을 존중하는 그림책과 동화책을 공모하여 시상하고 있습니다. 비룡소문학상은 '난 책 읽기가 좋아' 시리즈로 저학년을 위한 동화를 공모하고자 설립한 상입니다. 마시멜로픽션상은 사춘기 소녀들을 위한 소재의 스토리를 공모하여 수상하고 있습니다. 이렇듯 수상작은 상의 설립목적에 부합하여 뽑힌 작품이기 때문에 그 목적이 마음에 든다면 찾아 읽어도 좋습니다.

어린이장르문학상 스토리킹과 마시멜로픽션 공모전의 심사위원은 어린이입니다. 초등학교 2학년부터 청소년까지 약 100명을 모집해 심사를 합니다. 마시멜로픽션은 여자 어린이만 심사위원이 될 수 있습니다.

어린이가 심사한다는 것은 어떤 의미일까요? 어린이들은 자신들의 세계를 잘 모르는 채 이야기의 형태만 띤 앙상하고 유치한 스토리에 반응하지 않습니다. 어린이 심사위원의 마음을 읽고 빈 곳을 채워주는 이야기라서 수상을 했다면 다른 어린이들에게도 만족스러운 이야기일 수 있지 않을까요?

저는 어린이들과 수상작을 읽은 날에 활동을 하나 하는데요, 어린이들이 직접 심사위원이 되어 심사평을 써보는 것입니다. 어린이 심사위원이 뽑은 작품들은 비룡소 출판사 홈페이지에 방문하면 어린이 심사위원들의 심사평을 읽어볼 수 있습니다. 어린이의 심사평을 읽은 뒤에는 어른의 심사평도 함께 읽어봅니다. 어른의 심사평은 어린이가 이해하기에 다소 어려울 수 있지만 수준 있는 글이 수준 있는 생각을 만들기에 때때로 소리 내어 읽어주고는 합니다. 그러고 나서 어린이들이 직접 200~300자 정도의 심사평을 쓰도록 합니다. 대부분의 어린이는 재미있게 읽었기 때문에 열정적으로 심사평을 씁니다. 상 스티커도 붙이며 뿌듯해하지요. 서로의 심사평을 들어보며 자신이 생각하지 못한 해석에 감탄하기도 합니다.

● 주제와 관련된 다른 분야 책 찾기

어린이가 이야기책만 읽는다며 염려를 하는 분이 많습니다. 어릴 때부터 지식책보다 이야기책에 관심을 보인 아이는 이야기책 서사에 익숙하기 때문에 이야기책 중심의 독서를 합니다. 그러나 걱정할 문제는 아닙니다.

이야기책을 많이 읽은 어린이는 추론 능력과 상상력, 어휘력 등을 갖추고 있어서 관심 여부와 상관없이 지식책을 잘 읽어내곤 합니다. 오히려 지루하고 딱딱한 구성의 지식책을 억지로 접했던 경험 때문에 지식책에 대한 편견을 가지고 있는 어린이가 많습니다. 지식책 좀 보라는 말을 자주 들었다면 더욱 그럴 테지요.

어린이가 매우 인상 깊게 읽은 이야기책과 비슷한 주제를 다루는 지식책을 권하면 비교적 쉽게 읽을 수 있습니다. 예를 들어 임대 아파트의 차

별 문제를 다루고 있는 『절대 딱지』(최은영 글, 김다정 그림 | 개암나무)를 인상 깊게 읽은 어린이에게 이 책의 주제어나 핵심어를 1~2가지 생각해보도록 하세요. 임대 아파트, 차별, 가난 등의 단어를 생각할 것입니다. 그 단어를 온라인 서점 검색창에 입력하고 검색된 도서 중 '어린이책'만 찾아보게 해주세요. 그럼 아래와 같은 책들을 찾을 수 있습니다.

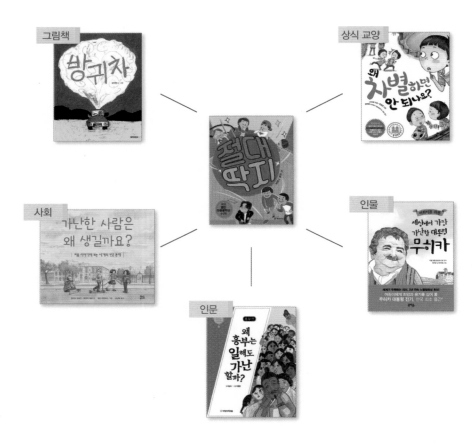

한눈에 보아도 이야기책 외 여러 분야의 책들이 있음을 알 수 있습니다. 이 중 마음을 끄는 도서가 있다면 함께 읽어보세요. 인상 깊게 읽은 책의 주제와 연결되는 지점에 놓인 책이기 때문에 평소 읽지 않던 분야여도 읽을 가능성이 크며, 무엇보다 시야가 넓어져 이미 읽은 이야기책의 해석력이 더 높아질 수도 있습니다.

저는 이것을 이야기책 확장 독서라 부르며 독서 교실 어린이들에게도 적용합니다. 이야기책을 함께 읽는 날에는 그림책부터 고학년 책까지 관련 지식책을 모두 모아 비치합니다. 수업을 마친 후 어린이들에게 "얘들아, 오늘 읽은 책이 마음에 들었던 사람 있어? 선생님이 관련된 책들을 좀 모아보았는데 읽어볼 사람?"이라고 말합니다. 그럼 순식간에 책을 1권씩 들고 갑니다. 즐거워하는 어린이들을 위해 저는 오늘도 어린이책을 읽고 또 모읍니다.

앞서 설명한 4가지 연결 독서법이 몸에 익으면 평생 읽는 사람으로 살아갈 수 있습니다. 연결 독서에 어려움을 느끼거나 스스로 하지 못하면 어른 독자가 조금만 도와주세요.

책을 읽고 만족감을 표현했을 때 어른 독자가 해야 할 일도 명확해졌습니다. 섣불리 독서 감상문을 요구하는 것이 아닌 다음 읽을 책 찾는 법을 알려주는 것이지요.

쏙쏙 골라 읽는 이야기책
300권&독서 기록장 쓰기

재미있게 읽은 이야기책을 골라 독서기록장을 써보겠습니다.

● **이야기책 독서 기록장 쓰는 방법**

이야기책은 아래 5가지 기준으로 쓰면 좋습니다.

이야기책을 읽고 생각나는 단어를 3~5개 쓰면서 책 내용을 다시 상기해봅니다. 그리고 이야기책은 인물이 중요하기 때문에 주인공을 포함하여 인물의 이름을 3명 이상 씁니다. 인물이 하는 말은 인물의 특성을 파악하는 데 중요한 역할을 하기 때문에 기억나는 인물의 말을 씁니다. 인물의 행동 또한 사건 진행에 중요하므로 1가지 작성하고요, 이야기책을 읽다보면 기억하고 싶은 문장을 만나게 되니 기억나는 문장까지 써봅니다. 책을 읽고 하고 싶은 말이나 의견 등은 한 줄 댓글에 남겨줍니다. 책 1권을 읽고 5개 중 쓰고 싶은 것을 골라 1개만 써도 되고 5개 모두 써도 됩니다.

이야기책 독서 기록장

재미있는 책 읽기 ★ 의미 있는 간단 쓰기 ★ 공감 소통하기

읽은 날	책 제목	지은이	생각나는 단어 쓰기(3~5개 정도)
월 일			
☺ 한 줄 댓글			

읽은 날	책 제목	지은이	등장인물 이름 쓰기(3명 이상)
월 일			
☺ 한 줄 댓글			

읽은 날	책 제목	지은이	기억나는 인물의 말 쓰기
월 일			
☺ 한 줄 댓글			

읽은 날	책 제목	지은이	기억나는 문장 쓰기(기억하고 싶은 문장)
월 일			
☺ 한 줄 댓글			

읽은 날	책 제목	지은이	생각나는 인물의 행동 쓰기
월 일			
☺ 한 줄 댓글			

● **이야기책 300권 소개**

　　'쏙쏙 골라 읽는 이야기책 300권'은 어린이들이 즐겁게 읽은, 어느 정도 재미가 보장된 책을 모은 것입니다. 읽을 용기를 내어 책을 가져간 어린이들이 한 주 뒤 "정말 재밌었어요!"라는 말을 건네면 참 기쁩니다. 그러나 어린이 한 사람 한 사람의 색채가 다양한 만큼 그렇지 못한 경우도 당연히 있을 수 있으니 그저 참고만 하길 바랍니다.

✪ 활동 방법

1. 책 목록을 집에 붙여둡니다.
2. 읽은 책은 하단에 별점을 매깁니다. 정말 좋았다면 3개, 보통이었다면 2개, 그냥 그랬다면 1개에 색칠하면 됩니다.

✪ 활동 목적

1. 이야기책을 골라 읽을 자유를 느낄 수 있습니다.
2. 별점을 매기면서 독자의 권리를 누릴 수 있습니다.
3. 이 세상에는 재미있는 이야기책이 많다는 것을 느끼며 이야기책 독자로 성장할 수 있습니다.

✪ 참고 사항

1. 학년 구분은 최소한의 기준이니 꼭 해당 학년 도서를 읽을 필요는 없습니다.
2. 모든 책을 다 읽어야 하는 것은 당연히 아닙니다.

1~2학년 집 독서하기 좋은 책 100권

개구리 폭탄 대결투 (사계절) ☆ ☆ ☆	길을 가는 메뚜기 (비룡소) ☆ ☆ ☆	내 멋대로 아빠 뽑기 (주니어김영사) ☆ ☆ ☆	내 멋대로 나 뽑기 (주니어김영사) ☆ ☆ ☆	두근두근 걱정 대장 (비룡소) ☆ ☆ ☆
반짝 구두 대소동 (사계절) ☆ ☆ ☆	내 짝꿍 최영대 (재미마주) ☆ ☆ ☆	칭찬 한 봉지 (좋은책어린이) ☆ ☆ ☆	꺼벙이 억수 (좋은책어린이) ☆ ☆ ☆	두고 보자! 커다란 나무 (시공주니어) ☆ ☆ ☆
목기린 씨, 타세요! (창비) ☆ ☆ ☆	변신돼지 (비룡소) ☆ ☆ ☆	말해 버릴까? (보림) ☆ ☆ ☆	레기, 내 동생 (비룡소) ☆ ☆ ☆	언제나 칭찬 (사계절) ☆ ☆ ☆
아드님, 진지 드세요 (좋은책어린이) ☆ ☆ ☆	미운맛 사탕 (그레이트북스) ☆ ☆ ☆	여우의 전화 박스 (크레용하우스) ☆ ☆ ☆	남몰래 거울 (노란돼지) ☆ ☆ ☆	돈벼락 똥 벼락 (이마주) ☆ ☆ ☆
꺼벙이 억수랑 아나바다 (좋은책어린이) ☆ ☆ ☆	똥 줌 오 줌 (재미마주) ☆ ☆ ☆	신기한 인터넷 (사계절) ☆ ☆ ☆	삼백이의 칠일장 2: 삼백이는 모르는 삼백이 이야기 (문학동네) ☆ ☆ ☆	동생 만들기 방해 작전 (개암나무) ☆ ☆ ☆
하룻밤 (사계절) ☆ ☆ ☆	마티유의 까만색 세상 (어린이작가정신) ☆ ☆ ☆	환상의 불량 짝꿍 (다림) ☆ ☆ ☆	콩이네 옆집이 수상하다! (문학동네) ☆ ☆ ☆	칠판 앞에 나가기 싫어! (비룡소) ☆ ☆ ☆
한밤중 달빛 식당 (비룡소) ☆ ☆ ☆	이 고쳐 선생과 이빨투성이 괴물 (시공주니어) ☆ ☆ ☆	우당탕탕 2학년 3반 (청어람주니어) ☆ ☆ ☆	뒤집혀 허집뒤! (비룡소) ☆ ☆ ☆	자석 총각 끌리스 (해와나무) ☆ ☆ ☆
게으른 고양이의 결심 (주니어김영사) ☆ ☆ ☆	꼬마 너구리 요요 (창비) ☆ ☆ ☆	맨날 맨날 화가 나! (좋은책어린이) ☆ ☆ ☆	말썽꾸러기 고양이와 풍선 장수 할머니 (논장) ☆ ☆ ☆	괴물 예절 배우기 (시공주니어) ☆ ☆ ☆
개구리와 두꺼비는 친구 (비룡소) ☆ ☆ ☆	내 멋대로 동생 뽑기 (주니어김영사) ☆ ☆ ☆	왕창 세일! 엄마 아빠 팔아요 (창비) ☆ ☆ ☆	슈퍼스타 우주 입학식 (사계절) ☆ ☆ ☆	고양이 택시 (시공주니어) ☆ ☆ ☆

책에서 나온 아이들 (주니어김영사) ☆ ☆ ☆	덤벼라, 지우개 괴물! (현암주니어) ☆ ☆ ☆	안녕, 내 비밀번호! (다림) ☆ ☆ ☆	화장실에 사는 두꺼비 (문학동네) ☆ ☆ ☆	한밤중의 고양이 손님 (시공주니어) ☆ ☆ ☆
우리 반 인기스타 나반장 (키다리) ☆ ☆ ☆	다짐 대장 (좋은책어린이) ☆ ☆ ☆	엄마 몰래 (좋은책어린이) ☆ ☆ ☆	위로의 초짜 (좋은책어린이) ☆ ☆ ☆	뻐꾸기 시계의 비밀 (좋은책어린이) ☆ ☆ ☆
망나니 공주처럼 (사계절) ☆ ☆ ☆	안읽어 씨 가족과 책 요리점 (문학동네) ☆ ☆ ☆	나는 꿈이 너무 많아 (다림) ☆ ☆ ☆	콧구멍 왕자 (사계절) ☆ ☆ ☆	고양이 카페 (시공주니어) ☆ ☆ ☆
두 배로 카메라 (비룡소) ☆ ☆ ☆	개답게 살 테야! (논장) ☆ ☆ ☆	너, 그거 이리 내놔! (비룡소) ☆ ☆ ☆	할아버지 나무 (비룡소) ☆ ☆ ☆	귀신보다 더 무서워 (보리) ☆ ☆ ☆
걱정 세탁소 (좋은책어린이) ☆ ☆ ☆	외딴 집 외딴 다락방에서 (논장) ☆ ☆ ☆	멋진 여우 씨 (논장) ☆ ☆ ☆	2학년 6반 고길희 선생님 (현암사) ☆ ☆ ☆	초록 고양이 (사계절) ☆ ☆ ☆
소똥 밟은 호랑이 (영림카디널) ☆ ☆ ☆	책 먹는 여우와 이야기 도둑 (주니어김영사) ☆ ☆ ☆	가방 들어주는 아이 (사계절) ☆ ☆ ☆	까만 아기 양 (푸른그림책) ☆ ☆ ☆	제비꽃 마을의 사계절 (창비) ☆ ☆ ☆
내 맘도 모르면서 (책읽는곰) ☆ ☆ ☆	학교가 문을 닫았어요 (미래엔아이세움) ☆ ☆ ☆	내 멋대로 친구 뽑기 (주니어김영사) ☆ ☆ ☆	책 읽는 강아지 몽몽 (비룡소) ☆ ☆ ☆	여우 세탁소 (책읽는곰) ☆ ☆ ☆
달려라! 아빠 똥배 (해와나무) ☆ ☆ ☆	말하는 일기장 (해와나무) ☆ ☆ ☆	우리는 걱정 친구야 (웅진주니어) ☆ ☆ ☆	나도 편식할 거야 (사계절) ☆ ☆ ☆	마법사 똥맨 (창비) ☆ ☆ ☆
*술술 립스틱 (책고래) ☆ ☆ ☆	엄마 아빠를 바꿔주는 가게 (예림당) ☆ ☆ ☆	똥 싸는 도서관 (미래아이) ☆ ☆ ☆	마지막 세상 (미래아이) ☆ ☆ ☆	엄마 없는 하루 (미래아이) ☆ ☆ ☆

책 좀 빌려 줘유 (책읽는곰) ☆ ☆ ☆	세상에서 제일 달고나 (주니어김영사) ☆ ☆ ☆	매직 슬러시 (크레용하우스) ☆ ☆ ☆	내 모자야 (창비) ☆ ☆ ☆	검정 연필 선생님 (창비) ☆ ☆ ☆
로봇 강아지, 심쿵! (머스트비) ☆ ☆ ☆	복덩이가 되는 법 (좋은책어린이) ☆ ☆ ☆	꼬마 난민 도야 (청어람주니어) ☆ ☆ ☆	비싼 부탁 좀 들어줄래? (미래엔아이세움) ☆ ☆ ☆	일기의 마지막 한 줄 (청어람주니어) ☆ ☆ ☆

3~4학년 집 독서하기 좋은 책 100권

시간 사용법 (라임) ☆ ☆ ☆	우리는 왕따 특공대 (꿈터) ☆ ☆ ☆	내가 슈퍼 히어로라면? (스푼북) ☆ ☆ ☆	유튜브 스타 금은동 (국민서관) ☆ ☆ ☆	얼큰쌤의 비밀 저금통 (키다리) ☆ ☆ ☆
누가 우모강을 죽였을까 (크레용하우스) ☆ ☆ ☆	내 마음 배송 완료 (논장) ☆ ☆ ☆	나는 증인이 아닙니다 (아이앤북) ☆ ☆ ☆	길모퉁이 행운돼지 (다림) ☆ ☆ ☆	책이 사라진 날 (한솔수북) ☆ ☆ ☆
만복이네 떡집 (비룡소) ☆ ☆ ☆	오만평과 삐쩍멸치 (책고래) ☆ ☆ ☆	외계인 편의점 (소원나무) ☆ ☆ ☆	일수의 탄생 (비룡소) ☆ ☆ ☆	방귀 교실 (꿈터) ☆ ☆ ☆
나는 천재가 아니야 (시공주니어) ☆ ☆ ☆	하루와 미요 (문학동네) ☆ ☆ ☆	까매서 안 더워? (파란자전거) ☆ ☆ ☆	떠돌이 개 똘이의 일생 (꿈꾸는날개) ☆ ☆ ☆	건방이의 건방진 수련기 1~5 (비룡소) ☆ ☆ ☆
게임 파티 (시공주니어) ☆ ☆ ☆	마술 딱지 (문학과지성사) ☆ ☆ ☆	인증샷 전쟁 (꿈초) ☆ ☆ ☆	무적 수첩 (꿈초) ☆ ☆ ☆	시간은 펠릭스 마음대로 흐른다 (책속물고기) ☆ ☆ ☆
진짜 도둑 (비룡소) ☆ ☆ ☆	굿모닝, 굿모닝? (미래아이) ☆ ☆ ☆	어느 날 구두에게 생긴 일 (비룡소) ☆ ☆ ☆	왕도둑 호첸플로츠 1 (비룡소) ☆ ☆ ☆	너는 닥스 선생님이 싫으냐? (비룡소) ☆ ☆ ☆

정직맨과 고자질맨 (비룡소) ☆ ☆ ☆	콩가면 선생님이 웃었다 (천개의바람) ☆ ☆ ☆	스마트폰이 먹어 치운 하루 (팜파스) ☆ ☆ ☆	헛다리 너 형사 (창비) ☆ ☆ ☆	양파의 왕따 일기 1~2 (푸른놀이터) ☆ ☆ ☆
우리 반 스파이 (주니어김영사) ☆ ☆ ☆	책 먹는 여우 (주니어김영사) ☆ ☆ ☆	똥으로 책을 쓰는 돼지 (주니어김영사) ☆ ☆ ☆	멋진 여우 씨 (논장) ☆ ☆ ☆	기억을 자르는 가게 (파랑새) ☆ ☆ ☆
칠판에 딱 붙은 아이들 (비룡소) ☆ ☆ ☆	젓가락 달인 (바람의아이들) ☆ ☆ ☆	꼬르륵 식당 (미래엔아이세움) ☆ ☆ ☆	친구 자판기 (풀빛미디어) ☆ ☆ ☆	최기봉을 찾아라! (푸른책들) ☆ ☆ ☆
나는 파업 중이에요 (함께자람) ☆ ☆ ☆	화요일의 두꺼비 (사계절) ☆ ☆ ☆	무툴라는 못 말려! (국민서관) ☆ ☆ ☆	마녀의 못된 놀이 (소담주니어) ☆ ☆ ☆	읽거나 말거나 마음대로 도서관 (시공주니어) ☆ ☆ ☆
욕대장 (생각하는책상) ☆ ☆ ☆	엄마가 사라진 날 (한솔수북) ☆ ☆ ☆	우주 호텔 (해와나무) ☆ ☆ ☆	컵 고양이 후루룩 (낮은산) ☆ ☆ ☆	잔소리 붕어빵 (푸른책들) ☆ ☆ ☆
잔소리 없는 날 (보물창고) ☆ ☆ ☆	단톡방 귀신 (마주별) ☆ ☆ ☆	사차원 엄마 (함께자람) ☆ ☆ ☆	표절 교실 (크레용하우스) ☆ ☆ ☆	우리는 한편이야 (푸른책들) ☆ ☆ ☆
인터넷이 끊어진 날 (라임) ☆ ☆ ☆	빵이당 대(vs) 구워뜨 (상상의집) ☆ ☆ ☆	행운의 문자 주의보 (잇츠북어린이) ☆ ☆ ☆	거짓말 학원 (잇츠북어린이) ☆ ☆ ☆	천사 동물 병원의 수상한 사람들 (단비어린이) ☆ ☆ ☆
클라우드 1051호 (주니어김영사) ☆ ☆ ☆	마녀 교장과 아주 특별한 시계 (크레용하우스) ☆ ☆ ☆	코인 숙제방 (책과콩나무) ☆ ☆ ☆	고래동 천 원 공부방 (상상의집) ☆ ☆ ☆	우등생 바이러스 (크레용하우스) ☆ ☆ ☆
소원 자판기 (책과콩나무) ☆ ☆ ☆	불편한 이웃 (책읽는곰) ☆ ☆ ☆	엄마 사용 설명서 (우리교육) ☆ ☆ ☆	문제투성이 동생봇 (책과콩나무) ☆ ☆ ☆	오탐정의 확진자 추적 사건 (책과콩나무) ☆ ☆ ☆

장군이네 떡집 (비룡소) ☆ ☆ ☆	소원 떡집 (비룡소) ☆ ☆ ☆	마법 식탁 (뜨인돌어린이) ☆ ☆ ☆	마술 딱지 (문학과지성사) ☆ ☆ ☆	아무도 모르는 김신상 분실사건 (함께자람) ☆ ☆ ☆
용돈 몰아주기 내기 어때? (개암나무) ☆ ☆ ☆	욕 좀 하는 이유나 (위즈덤하우스) ☆ ☆ ☆	행복 뽑기 기계 (보랏빛소어린이) ☆ ☆ ☆	편의점 비밀 요원 (창비) ☆ ☆ ☆	고길호 유튜브에 싫어요를 누른 녀석이 누구냐? (리잼) ☆ ☆ ☆
강남 사장님 (비룡소) ☆ ☆ ☆	금두껍의 첫 수업 (창비) ☆ ☆ ☆	파랑 머리 할머니 (마주별) ☆ ☆ ☆	송곳니의 법칙 (고래가숨쉬는도서관) ☆ ☆ ☆	4학년 5반 불평쟁이들 (책읽는곰) ☆ ☆ ☆
방과 후 슈퍼 초능력 클럽 (미래엔아이세움) ☆ ☆ ☆	너 아직도 똥 못 쌌지? (개암나무) ☆ ☆ ☆	고민을 대신 전해 드립니다 (주니어김영사) ☆ ☆ ☆	내 친구의 집 (사계절) ☆ ☆ ☆	기억을 파는 향기 가게 (소원나무) ☆ ☆ ☆
거짓말 삽니다 (스푼북) ☆ ☆ ☆	요술 화장품 (스푼북) ☆ ☆ ☆	열 살 내 인생 (바나나북) ☆ ☆ ☆	일기 먹는 일기장 (사계절) ☆ ☆ ☆	걱정을 가져가는 집 (휴먼어린이) ☆ ☆ ☆

5~6학년 집 독서하기 좋은 책 100권

푸른 사자 와니니 1~3 (창비) ☆ ☆ ☆	무기 팔지 마세요! (현북스) ☆ ☆ ☆	투명 의자 (별숲) ☆ ☆ ☆	복제인간 윤봉구 1~5 (비룡소) ☆ ☆ ☆	플레이 볼 (한겨레아이들) ☆ ☆ ☆
통조림 학원 (위즈덤하우스) ☆ ☆ ☆	버럭 아빠와 지구 반바퀴 (주니어김영사) ☆ ☆ ☆	수일이와 수일이 (우리교육) ☆ ☆ ☆	백만장자 할머니와 상속자들 (웃는돌고래) ☆ ☆ ☆	그 집에서 생긴 일 (아이앤북) ☆ ☆ ☆
블랙 아웃 (한겨레아이들) ☆ ☆ ☆	어떤 아이가 (시공주니어) ☆ ☆ ☆	방과 후 초능력 클럽 (미래엔아이세움) ☆ ☆ ☆	수상한 도서관 (북멘토) ☆ ☆ ☆	돌 씹어 먹는 아이 (문학동네) ☆ ☆ ☆

내 친구에게 생긴 일 (크레용하우스) ☆ ☆ ☆	완벽한 세계에 입장하시겠습니까? (살림어린이) ☆ ☆ ☆	*굿바이, 마이 프렌드 (동쪽나라) ☆ ☆ ☆	가짜 뉴스를 시작하겠습니다 (내일을여는책) ☆ ☆ ☆	불꺼진 아파트의 아이들 (리틀씨앤톡) ☆ ☆ ☆
내가 김소연진아일 동안 (위즈덤하우스) ☆ ☆ ☆	노잣돈 갚기 프로젝트 (문학동네) ☆ ☆ ☆	햄릿과 나 (사계절) ☆ ☆ ☆	꼴뚜기 (창비) ☆ ☆ ☆	수상한 식당 (북멘토) ☆ ☆ ☆
트리갭의 샘물 (대교북스주니어) ☆ ☆ ☆	무너진 아파트의 아이들 (리틀씨앤톡) ☆ ☆ ☆	우리들끼리 해결하면 안 될까요 (내일을여는책) ☆ ☆ ☆	수상한 편의점 (북멘토) ☆ ☆ ☆	악당의 무게 (휴먼어린이) ☆ ☆ ☆
맞아 언니 상담소 (비룡소) ☆ ☆ ☆	건방진 도도군 (비룡소) ☆ ☆ ☆	OK슈퍼 과자 질소 도난 사건 (창비) ☆ ☆ ☆	제후의 선택 (문학동네) ☆ ☆ ☆	유튜브 전쟁 (엠앤키즈) ☆ ☆ ☆
투명한 아이 (어린이나무생각) ☆ ☆ ☆	이모의 꿈꾸는 집 (문학과지성사) ☆ ☆ ☆	사랑이 훅! (창비) ☆ ☆ ☆	진짜 인싸 되는 법 (좋은책어린이) ☆ ☆ ☆	*열두 살의 모자이크 (창비) ☆ ☆ ☆
나쁜 회사에는 우리 우유를 팔지 않겠습니다 (책속물고기) ☆ ☆ ☆	헨쇼 선생님께 (보림) ☆ ☆ ☆	일투성이 제아 (이마주) ☆ ☆ ☆	마당을 나온 암탉 (사계절) ☆ ☆ ☆	네모 돼지 (창비) ☆ ☆ ☆
분홍 문의 기적 (비룡소) ☆ ☆ ☆	신통방통 홈쇼핑 (비룡소) ☆ ☆ ☆	기호 3번 안석뽕 (창비) ☆ ☆ ☆	개 재판 (웅진주니어) ☆ ☆ ☆	까칠한 아이 (대교북스주니어) ☆ ☆ ☆
만나자는 약속보다 로그인이 더 편해! (팜파스) ☆ ☆ ☆	떼인 돈 받아 드립니다 (시공주니어) ☆ ☆ ☆	아이들이 사라지는 학교 (꿈터) ☆ ☆ ☆	백 년 전에 시작된 비밀 (내일을여는책) ☆ ☆ ☆	수상한 할아버지 (분홍고래) ☆ ☆ ☆
학교를 끊을 거예요! (고래책빵) ☆ ☆ ☆	혼자 되었을 때 보이는 것 (미세기) ☆ ☆ ☆	복수의 여신 (창비) ☆ ☆ ☆	받은 편지함 (우리교육) ☆ ☆ ☆	소리 질러, 운동장 (창비) ☆ ☆ ☆

무너진 교실 (미래엔아이세움) ☆ ☆ ☆	켄즈케 왕국 (풀빛) ☆ ☆ ☆	문제아 보고서 (푸른책들) ☆ ☆ ☆	긴긴밤 (문학동네) ☆ ☆ ☆	투명인간 주의보 (휴먼어린이) ☆ ☆ ☆
사춘기 엄마 (휴먼어린이) ☆ ☆ ☆	이 버스를 타지 마시오 (문학동네) ☆ ☆ ☆	1951년 서민국 어린이 (아이앤북) ☆ ☆ ☆	샤일로 (서돌) ☆ ☆ ☆	대장간 골목 (한겨레아이들) ☆ ☆ ☆
바꿔! (비룡소) ☆ ☆ ☆	30킬로미터 (창비) ☆ ☆ ☆	신기한 시간표 (보림) ☆ ☆ ☆	웨이싸이드 학교 별난 아이들 (창비) ☆ ☆ ☆	밤의 일기 (다산기획) ☆ ☆ ☆
마지막 이벤트 (비룡소) ☆ ☆ ☆	사춘기 대 갱년기 (개암나무) ☆ ☆ ☆	나는 설탕으로 만들어지지 않았다 (잇츠북) ☆ ☆ ☆	나의 달타냥 (창비) ☆ ☆ ☆	나의 린드그렌 선생님 (창비) ☆ ☆ ☆
아름다운 아이 줄리안 이야기 (책과콩나무) ☆ ☆ ☆	아무것도 안 하는 녀석들 (문학과지성사) ☆ ☆ ☆	특종 전쟁 1~2 (별숲) ☆ ☆ ☆	시험지 괴물 (휴먼어린이) ☆ ☆ ☆	우리 반 회장의 조건 (단비어린이) ☆ ☆ ☆
수상한 운동장 (북멘토) ☆ ☆ ☆	난생신화 조작 사건 (다림) ☆ ☆ ☆	위대한 학교 (잇츠북) ☆ ☆ ☆	5번 레인 (문학동네) ☆ ☆ ☆	엄마의 마지막 선물 (푸른놀이터) ☆ ☆ ☆
욕 전쟁 (시공주니어) ☆ ☆ ☆	용서할 수 있을까 (주니어김영사) ☆ ☆ ☆	내 가방 속 하트 (창비) ☆ ☆ ☆	도둑맞은 김소연 (책읽는곰) ☆ ☆ ☆	도미니크 (비룡소) ☆ ☆ ☆
눈물의 오디션 (살림어린이) ☆ ☆ ☆	아벨의 섬 (비룡소) ☆ ☆ ☆	연동동의 비밀 (창비) ☆ ☆ ☆	윤서는 할머니와 단둘이 산다 (키위북스) ☆ ☆ ☆	놀자의 소원 (봄봄출판사) ☆ ☆ ☆

기대어 살기 위하여

    어린이들과 독서 수업을 하다보면 벽에 부딪칠 때가 참 많습니다. 독서 교사들도 한결같이 하면 할수록 어렵다고 말합니다. '어린이'와 평생 파고들어도 모를 '책'을 연결해주는 일이 어찌 어렵지 않을 수 있을까요.

    저는 독서 수업에 어려움을 겪는 독서 교사들을 위해 독서 수업의 구체적 방법론을 알려주는 세미나를 종종 진행합니다. 세미나를 들은 분들은 독서 교육이 생각보다 쉽지 않다는 말과 함께 독서 교사가 준비해야 할 것이 너무 많다며 입을 모아 말합니다. 그 많은 일을 언제 다 할 수 있냐는 질문도 늘 따라붙고요. 간혹 도서관이나 학교에서 만난 학부모님들도 비슷한 어려움을 토로합니다. 수학도 해야 하고 영어도 해야 하는데 독서까지 하려니 힘에 부친다는 거지요. 강의까지 듣고 나면 어른 독자가 도와야 할 일이 참 많다는 것을 알게 되니 그 부담이 더 커지는 것은 당연합니다.

    어린이를 독자로 키우는 데 필요한 일들을 언제 다 할 수 있는지 질문할 때마다 저는 늘 같은 대답을 합니다.

    "부지런해지면 됩니다. 무작정 쉬지 않고 일만 하는 부지런함이 아니라 어린이라는 존재를 지긋이 응시하고 바라보며 생각하는, '생명'에 대한 부지런함을 가져보세요."

그 부지런함을 신체의 일부처럼 지니기 위해 오랜 시간 한길만 보며 걸어왔으나 사실 저의 꿈은 언젠가 독서 교육을 그만두는 것입니다. 알면 알수록 어려워지니 다 알고 나면 결국 이 일의 막중함을 느껴 함부로 어린이를 만날 수 없을 것 같거든요.

　　그럼에도 지금은 놓을 수 없으니 참 큰일입니다. 예상치 못한 감염병 사태를 겪으며 운영하는 독서 교실의 문을 몇 차례 닫아야 했고, 그 시간 동안 가슴 저리게 깨달은 것은 제가 어린이들과의 책 대화 없이는 못 사는 사람이라는 사실이었습니다.

　　정현종 님의 「생명은 그래요」 시의 한 구절처럼 기대지 않고 살아갈 수 없는 것이 생명이듯, 저도 모르는 사이 불안하고 위태로웠던 저의 20~30대를 어린이들 덕에 버틸 수 있었던 것입니다.

　　이왕 해야 한다면 진중함을 가지고 헌신하는 마음으로 한 사람이라도 더 독자로 키우기 위해 애쓰려고 합니다.

　　부족한 책을 읽어주셔서 감사합니다. 부디 건강 잘 지키시고 이 힘든 시간을 책과 함께 견뎌낼 수 있으면 좋겠습니다. 제가 어린이에게 기대어 살듯 어린이들도 어른에게 기대야 하니까요.

바른 교육 시리즈 ⑮

초등 완성 생각정리 독서법

초판 1쇄 발행 2021년 4월 16일
초판 7쇄 발행 2022년 3월 2일

지은이 오현선

대표 장선희 **총괄** 이영철
책임편집 정시아 **기획편집** 이소정, 한이슬, 현미나
디자인 김효숙 최아영 **외주디자인** 조성미
마케팅 최의범, 강주영, 김현진, 이동희
경영관리 문경국

펴낸곳 서사원 **출판등록** 제2021-000194호
주소 서울시 영등포구 당산로 54길 11 상가 301호
전화 02-898-8778 **팩스** 02-6008-1673
이메일 cr@seosawon.com
블로그 blog.naver.com/seosawon
페이스북 www.facebook.com/seosawon
인스타그램 www.instagram.com/seosawon

ⓒ오현선, 2021

ISBN 979-11-90179-73-7 03370

서사원은 독자 여러분의 책에 관한 아이디어와 원고 투고를 설레는 마음으로 기다리고 있습니다.
책으로 엮기를 원하는 아이디어가 있는 분은 이메일 cr@seosawon.com으로 간단한 개요와 취지,
연락처 등을 보내주세요. 고민을 멈추고 실행해 보세요. 꿈이 이루어집니다.